<그리스도인이면 꼭 알아야 할 성경 지식>

요한복음

제4권 유월절 어린양의 마지막 한 주간(18-21장)

서울솔로몬학교 성경연수원

차 례

제 1 과 승리의 예루살렘 입성 / 5

제 2 과 재림을 예언한 올리브산 설교 / 15

제 3 과 마지막 만찬과 겟세마네의 기도 / 29

제 4 과 불법적 재판을 받으시는 예수 그리스도(18,19장) / 41

제 5 과 십자가의 고난과 죽음(19장) / 57

제 6 과 예수 그리스도의 부활(20,21장) / 71

이 책에 인용된 성경 구절은 〈한글킹제임스성경〉입니다.

제1과

승리의 예루살렘 입성

『예수께서 어린 나귀 한 마리를 찾아서 그 위에 타시니 기록되기를 "시온의 딸아, 두려워 말라, 보라, 너의 왕이 나귀 새끼를 타고 오시도다."라고 함과 같더라』(요 12:14,15).

"하나님의 아들"이신 예수 그리스도

"요한복음"이 기록된 목적은 『**예수가 그리스도, 곧 하나님의 아들이심을 믿게 하려는 것이요, 또 믿음으로써 그의 이름을 통해 생명을 얻게**』(요 20:31) 하는 데 있다. 이렇듯 "예수 그리스도"께서는 『**살아 계신 하나님의 아들**』(요 6:69)로서, "아버지 하나님"과 『**하나**』(요 10:30)이시다. 『**예로부터요, 영원부터**』(미 5:2) 계신 하나님께서 육신을 입고 이 땅에 오신 분이 "예수 그리스도"이신데, 이곳 지상에서 "33년 6개월 동안" 사셨고, 그중에서 3년 6개월 간 "공생애 사역"을 수행하셨으며, 그 사역은 "마지막 한 주간의 사역"에서 절정을 이룬다.

"사복음서"에서는 "마지막 한 주간의 사역"이 길게 서술되어 있는데, 특히 "요한복음"에서는 "절반가량의 내용"(12-20장)이 "예수님 생애의 마지막 한 주간"을 조명하고 있고, 약 "3분의 1"에 해당하는 "일곱 개의 장"(13-19장)에서 "십자가에 못 박히신 그날의 사건"을 기록하고 있다. 유월절 어린양으로서 세상 죄를 제거하신(요 1:29) 예수 그리스도의 "마지막 한 주간의 사역"은 "나귀 새끼를 타시고 예루살렘에 입성하시는 사건"(요 12:12-16)으로부터 시작된다. "요일"로 보면 그날은 "한 주의 첫날"인 "일요일"이었다.

■ 새롭게 깨달았거나 적용할 내용이 있다면 적어 보세요. ■

첫째 날(일요일) : "승리의 입성"

마태복음 21:1-11,17
마가복음 11:1-11
누가복음 19:28-44
요한복음 12:12-50

"예루살렘에 입성하신 사건"은 "지상 생애 사역의 절정"이다. 왜냐하면 그 사건이 "왕으로서의 입성"을 보여주고(재림의 예표), 또 "십자가의 죽음"으로 나아가는(초림의 목적) 사건이기 때문이다. "유대인들의 거부"로 예수 그리스도께서는 죽으셔야 했지만, 사실 "그리스도의 죽음"은 왕이 대관식에서 왕관을 받기 위한 "서곡"이 되었다.

『그 다음 날[유월절 닷새 전인 "일요일"], 명절[『유월절과 무교절』- 막 14:1]에 온 많은 무리가 예수께서 예루살렘에 오신다는 말을 듣자 종려나무 가지들을 들고 주를 맞이하러 가서 "호산나, 주의 이름으로 오시는 이스라엘의 왕은 복이 있도다."라고 외치더라. 예수께서 어린 나귀 한 마리를 찾아서 그 위에 타시니 기록되기를 "시온의 딸아, 두려워 말라, 보라, 너의 왕이 나귀 새끼를 타고 오시도다."라고 함과 같더라. 제자들이 이 일들을 처음에는 깨닫지 못하다가 예수께서 영화롭게 되신[죽음에서 부활하시고 승천하신] 그때서야 이 일들이 주에 관하여 기록되고 그들이 이 일들을 주께 행한 것인 줄 기억하더라』(요 12:12-16).

『**종려나무**』(요 12:13)는 "기쁨과 즐거움"을 상징하고(레 23:34,40, 계 7:9,10), 『**호산나**[Hosanna]』(요 12:13)는 "히브리어"로 "지금 구원하소서!"라는 뜻이다(시 118:21-26). 한편 『**호산나, 주의 이름으로 오시는 이스라엘의 왕은 복이 있도다.**』(요 12:13)라는 외침은 "왕국의 도래"를 공식적으로 알리는 외침이었다. 왜냐하면 재림 때 『**이스라엘의 왕**』(사 44:6)이요, 『**만왕의 왕, 또 만주의 주**』(계 19:16)이신

예수 그리스도께서 "아마겟돈"에 집결해 있는 "적그리스도에게 속한 2억의 UN 군대"를 위시한 이 땅의 모든 원수들을 진멸하신 후 "승리자"요, "구원자"의 모습으로 예루살렘에 입성하실 것이기 때문이다.

물론 초림 당시 "예루살렘에 입성하신 사건"은 일차적으로 "스가랴 9:9의 예언의 성취"이다. 『**오 시온의 딸아, 크게 기뻐하라. 오 예루살렘의 딸아, 소리지르라. 보라, 네 왕이 네게 오시나니 그는 공의로우시며 구원을 지니셨고, 겸손하시며 나귀를 타시리니 나귀의 새끼인 어린 나귀니라.**』 하지만 이 예언이 궁극적으로 성취되는 때는 "초림"이 아니고 "재림 때"다. 이는 초림 당시의 유대인들이 『**호산나, 주의 이름으로 오시는 이스라엘의 왕은 복이 있도다.**』(요 12:13)라고 외쳤으면서도, 그로부터 4일 후에 그들의 왕을 『**붙잡아 무법자들의 손을 통해 십자가에 못박아**』(행 2:23) 죽였기 때문이다. 심지어 그들은 "대환란 기간"에 『**자기 이름으로**』 오게 될 『**다른 자**』, 곧 "거짓 메시아"인 "적그리스도"를 그들의 메시아로 받아들일 것이다(요 5:43). 그러나 적그리스도는 유대인들을 대대적으로 박해하고 죽일 것이며, 이때 소수의 "유대인 남은 자들"만이 『**대환란**』(마 24:21) 『**끝까지**』(마 24:13) 인내로 견디다가 예수 그리스도께서 『**주의 이름으로**』(요 12:13) 다시 오실 재림 때 그분을 그들의 "메시아"요 "왕"으로 맞아들일 것이다(시 118:26, 눅 13:35, 계 1:7). 이런 관점에서 보면, 초림 당시 "예루살렘에 입성하신 사건"은 재림 때 있을 "영광스러운 예루살렘 입성"에 대한 예표가 된다. 특히 초림 때는 예수님께서 "나귀"를 타고 들어가셨지만, 재림 때는 "흰말"을 타고 영광스럽게 들어가실 것이다(계 19:11, cf. 시 24:9). 들어가시되, 『**예루살렘 앞 동편에 있는 올리브 산 위에**』(슥 14:4, cf. 막 11:1) 서셨다가 "예루살렘 동문"을 통해 입성하신다.

한편 예루살렘으로 입성하신 예수님께서는 그 도성으로 인해 눈물을 흘리며 우셨는데, 이는 이스라엘 백성이 그들에게 닥칠 심판, 곧 돌 위에 돌 하나도 남지 않고 성전이 다 무너지고 멸망하게 될 그 심판의 때에 관해 전혀 알지 못했기 때문이다(눅 19:41-44). 이후 예수님께서는 성전으로 들어가 모든 것을 둘러보셨고, 이후 "저녁때"가 되자 예루살렘 도성을 떠나 근처에 있는 "베다니"로 가셨다(막 11:11).

둘째 날(월요일) : "열매 없는 무화과나무를 저주하심"

마태복음 21:18,19
마가복음 11:12-14,20,24

성경에서 "무화과나무"는 "이스라엘"을 상징하고(렘 24:2,5,8, 호 9:10, 암 8:2, 마 24:32,33) "잎"은 "인간적인 자기 의"를 나타낸다. "무화과나무"는 예수님께서 저주하신 유일한 나무였는데, 그 나무가 열매는 없고 잎만 무성했기 때문이다.

『그 다음 날["월요일"] 그들이 베다니에서 나왔을 때에 주께서 시장하신지라 저쪽에 잎이 있는 한 무화과나무를 보시고 거기에 무언가 있을까 하여 가 보셨으나 잎사귀 외에는 아무것도 찾지 못하셨으니 이는 무화과의 때가 아직 아니기 때문이라. 예수께서 대답하여 무화과나무에게 말씀하시기를 "이후로는 영원히 네게서 아무도 열매를 먹지 못하리라."고 하시니 제자들이 그 말을 듣더라』(막 11:12-14).

열매는 없고 잎만 무성한 무화과나무는, 열매가 전혀 없고 "자기 의"에서 비롯된 "종교 행위들"로만 가득 찬 이스라엘의 모습을 보여 준다. 그런 무화과나무를 예수님이 저주하신 것인데, 이것은 이스라엘 민족이 **『뿌리로부터 말라』**(막 11:20) 버릴 만큼 "완전한 저주"를 받아 "결코 소생할 수 없는 상태"가 되었음을 의미한다. 하지만 "그다음 날"(화요일, 막 11:19,20) 예수님께서는 『**무화과나무의 비유를 배우라.** [저주받은 "무화과나무"의] **가지가... 유연해지고 잎이**』(막 13:28) 나올 것이라고 말씀하시면서, 전혀 회복 불가능하게만 보였던 이스라엘이 다시 민족적으로 회복될 것임을 예시하셨다. 『**뿌리로부터 말라 버린**』(막 11:20) "저주받은 무화과나무"가 다시 소생하고, 『**마른 뼈들**』(겔 37:4)이 다시 살아나는 것처럼(겔 37:5-10), 『**뼈들은 말랐고... 소망은 사라졌으며... 부분은 완전히**』(겔 37:11) 끊어진 "이스라엘"이 다시 회복되어 그들의 땅으로 돌아오는 것이다(겔 37:12-14). 만일 하나님께서 "아브라함" 및 "다윗"과 함께 맺으신 "무조건적인 영원한 언약"("아브라함의 언약"과 "다윗의 언약")이 없었다면, 유대인들은 진작 이 지구상에서 사라져 버렸을 것이다. 그러나 하나님께서는 죽어 버린 이스라엘 민족을 일으키시어 그들에게 주신 약속의 땅에 다시 심으실 것이고, 다시 번성하게 하실 것이다.

둘째 날(월요일) : "성전을 깨끗하게 하심"

마태복음 21:12-16 마가복음 11:15-18 누가복음 19:45-48

초림 당시 예수 그리스도께서 "성전을 깨끗하게 하신 사건"은 "두 번" 있었는데, 한 번은 "초기 유대 사역"(요 2:13-25)을 시작하실 때였고, 다른 한 번은 "공생애 기간 마지막 한 주간의 월요일"에 있었다.

『그들이 예루살렘에 오자, 예수께서 성전으로 들어가셔서 성전에서 팔고 사는 사람들을 내어쫓기 시작하시고, 환전상들의 상과 비둘기 파는 자들의 자리를 뒤엎으시더라. 또 누구든지 성전 안에서

어떤 기물도 옮기지 못하게 하시고 가르쳐 그들에게 말씀하시기를 "'내 집은 모든 민족들에게서 기도의 집이라고 불리리라.'고 기록되지 아니하였느냐? 그런데 너희가 강도들의 소굴로 만들었도다."라고 하시니』(막 11:15-17).

예수 그리스도께서는 "물건을 사고팔고 환전하는 일"을 "성전 안"에서 한 것에 대해 "강도 짓"으로 규정하셨다(막 11:17). 특히 예수님께서는 "아버지 하나님"과 『**하나**』(요 10:30)이시기 때문에, "성전"을 가리켜 『**나의 아버지의 집**』(요 2:16)이자, 『**내 집**』(막 11:17)이라고 부르시는데, 『**기도의 집**』(막 11:17)이 되어야 할 "하나님 아버지의 집"을 『**강도들의 소굴**』(막 11:17)로 만들어 더럽힌 것에 대해 책망하신 것이다.

사실 위 본문은 재림 때 이 땅에 세워질 "천년왕국 성전"의 문맥에서 이해할 필요가 있다. 왜냐하면 『**내 집은 모든 민족들에게서 기도의 집이라고 불리리라.**』(막 11:17)라고 하신 예수님의 말씀은, 『**내가 나의 거룩한 산으로 인도하여 기도하는 나의 집에서 그들을 즐겁게 해줄 것이며, 그들의 번제들과 희생제들도 나의 제단 위에 받아들이리니 이는 나의 집이 모든 백성에게 기도하는 집이라 불릴 것임이라.**』라는 "이사야 56:7"의 말씀에서 인용되었고, 또 "이사야 56장"은 문맥상 "천년왕국 통치"에 교리적으로 적용되는 본문이기 때문이다. 장차 이 땅에 세워질 천년왕국에서는 "실제적인 성전"과 더불어 "실제적인 제단"이 다시 세워질 것이고, 그 위에 "실제적인 제사"가 다시 드려질 것이다(겔 44-48장). 이때 주님께서는 이스라엘의 쫓겨난 자들을 모으실 것이고(사 56:8), 그들은 천년왕국 성전에서 기도의 향을 피우고 제물 드리는 일을 다시 회복하게 될 것이다(말 1:11).

한편 교회 시대의 "성전"은 위 본문처럼 "어떤 건물"이 아니고, "구원받은 그리스도인들 각각의 몸"이다. 『**또한, 너희 몸은 너희가 하나님으로부터 받은 바**

너희 안에 계신 성령의 전인 것을 알지 못하느냐? 너희는 너희 자신의 것이 아니니라』(고전 6:19). 영적으로 적용해 보면, 성령으로 거듭난 그리스도인 역시 성령께서 거하시는 "성전"된 몸을 『**육신의 정욕과 안목의 정욕과 생의 자랑**』(요일 2:16) 그리고 "죄"나 "세상적인 것들"로 더럽혀서는 안 된다. "기도하는 집"으로 만들어야 하지, "강도들의 소굴"로 만들어서는 안 되는 것이다.

『**서기관들과 선임 제사장들이 그 말을 듣고 어떻게 그를 죽일까 하고 기회를 엿보더라. 그들이 주를 두려워함은 모든 백성이 주의 교리에 놀랐기 때문이라**』(막 11:18). 『**주께서 매일**[마지막 한 주간의 "일요일," "월요일," "화요일"] **성전에서 가르치시니, 선임 제사장들과 서기관들과 백성의 지도자가 주를 죽이려고 기회를 엿보더라. 그러나 모든 백성이 주의 말씀을 들으려고 열심히 귀를 기울이므로 그들이 어찌할 바를 모르더라**』(눅 19:47,48). 백성들은 예수님을 죽이려 했던 "종교 지도자들"과 달리 주의 말씀을 들으려고 열심히 귀를 기울였다. 이것은 성경을 읽거나 공부할 때 우리가 취해야 할 올바른 자세다. 하나님의 말씀의 소중함을 알고, 또 하나님의 말씀을 사랑한다면, 흐리멍덩하고 지겨운 듯한 눈빛으로 설교 시간이나 성경 공부 시간에 앉아 있을 것이 아니라, 총명하고 살아 있는 눈빛으로 말씀에 집중해야 한다. 훌륭한 설교는 시간 가는 줄 모르게 하고, 신실한 성도는 진리를 전파하는 설교에 대해 지루해하지 않는 법이다.

■ 새롭게 깨달았거나 적용할 내용이 있다면 적어 보세요. ■

NOTES

NOTES

제2과

재림을 예언한 올리브산 설교

『그후 주께서 성전 건너편 올리브 산 위에 앉아 계실 때에 베드로와 야고보와 요한과 안드레가 따로 주께 묻기를 "우리에게 말씀하여 주소서. 언제 이런 일들이 있겠으며, 이 모든 일이 이루어질 때 어떤 표적이 있겠나이까?" 라고 하니』(막 13:3,4).

때가 얼마 남지 않았으니

『**형제들아, 내가 이것을 말하노니 때가 얼마 남지 않았으니 이제부터 아내가 있는 사람들은 없는 것같이 하며 또 우는 사람들은 울지 않는 것같이 하고 기뻐하는 사람들은 기뻐하지 않는 것같이 하며 또 물건을 사는 사람들은 소유하지 않은 것같이 하라. 그리고 이 세상을 이용하는 자들은 다 이용하지 못할 것처럼 하라. 이는 이 세상의 형체가 사라져 감이라**』(고전 7:29-31). 『**세상의 형체가 사라져**』 가고 있으며, 『**세상도, 세상의 정욕도**』(요일 2:17) 사라질 것이다. 하나님의 말씀을 통해 창조되었고, 그 동일한 말씀으로 현재까지 보존되고 있는 이 세상은, 결국 하나님의 말씀을 통해 완전히 멸망할 것이다. 향후 세상을 바꿔 놓는 혁신적인 기술이 등장하든지, 등장하지 않든지 간에, 결국 이 세상은 막을 내리게 되어 있다. 연극은 끝나고 배우들은 퇴장해야 하며, 무대와 소품은 정리해야 한다. 모든 경기도 끝이 나고 운동선수는 경기장을 나가야 하며, 운동기구들도 모두 정리해야 하는 때가 오는 것이다. 그렇기에 이 "멸망해 가는 세상"에 무언가를 기대하고 사는 사람은 자신의 하나뿐인 목숨과 생명을 걸고 도박하는 자들과 별반 다를 게 없다!

■ 새롭게 깨달았거나 적용할 내용이 있다면 적어 보세요. ■

셋째 날(화요일) : "성전에서의 가르침과 논쟁"

마태복음 21:20-23:39
마가복음 11:19-12:44
누가복음 20:1-21:4

"마가복음"은 어떤 다른 복음서보다도 "마지막 한 주간"에 일어났던 사건들을 "시간 순서대로" 잘 조명해 주고 있다. 성전을 깨끗하게 하신 예수님께서는 그날("월요일") 『**저녁이 되자... 성읍 밖으로**』(막 11:19) 나가셨고, 그다음 날("화요일") 『**아침에**』(막 11:20) 예루살렘으로 다시 돌아오셨다. 그때 제자들은 바로 "어제" 주님이 저주하신 무화과나무가 "뿌리로부터" 말라 버린 것을 보게 되고(마 21:20, 막 11:20,21), 이때 예수님께서는 "기도와 용서"에 관한 위대한 가르침을 주신다(마 21:21,22, 막 11:22-26).

이후 예수님께서는 "마가복음 11:27"에서 성전으로 들어가시는데, 이곳 성전에서 백성들을 가르치시고 그분을 대적하는 종교 지도자들과 논쟁하시는 내용이 이 구절에서부터 "마가복음 12:44"까지 계속 이어진다. 예수님께서 "가르치신 내용들"로는 "두 아들의 비유"(마 21:28-32)라든지, "포도원의 소출을 요구하는 주인의 비유"(마 21:33-46, 막 12:1-12, 눅 20:9-18), "혼인 잔치의 비유"(마 22:1-14) 등이 있었고, 그분의 대적들과 벌였던 "논쟁의 쟁점들"로는 "권세와 권위에 관한 문제"(마 21:23-27, 막 11:27-33, 눅 20:1-8), "세금"(마 22:15-22, 막 12:13-17, 눅 20:19-26), "부활"(마 22:23-33, 막 12:18-27, 눅 20:27-38), "첫째 계명과 둘째 계명"(마 22:34-40, 막 12:28-34, 눅 10:25-37) 등에 관한 문제들이 있었다. 중요한 점은 예수 그리스도를 책잡기 위해 논쟁을 걸어 왔던 대적들은 절대로 주님을 이길 수 없었다는 사실이다. 그뿐 아니라 대적들은 예수님께서 물으신 질문에 대해 어떤 답변도 하지 못했다(마 22:41-46, 막 12:35-37, 눅 20:39-44). 이후 예수님께서는 바리새인과 사두개인, 서기관 등의 "위선적인 종교 지도자들"을 강력하게 책망하셨고(마 23:1-39), 어느 가난한 과부가 연보함에 "두 렙돈"을 넣는 것을 보시는 모습을 끝으로(막 12:41-44) 성전을 완전히 나가시게 된다.

셋째 날(화요일) : "올리브산 설교"

마태복음 24:1-25:46
마가복음 13:1-37
누가복음 21:5-38

"예루살렘 성전 파괴"에 관한 적용은 "이중적인 적용"(Double Application)이 가능한데, 첫 번째는 A.D. 70년에 로마의 "티투스 장군"에 의한 파괴에 적용할 수 있고, 두 번째는 대환란 기간에 "적그리스도"에 의한 파괴에 적용할 수 있다. 이처럼 예수님께서 "성전 파괴"에 대해 경고하셨을 때(막 13:1,2), 제자들은 주님께 "두 가지 질문"을 드렸다(막 13:3,4). 첫째, 『**언제 이런 일들이 있겠으며**』, 둘째, 『**이 모든 일이 이루어질 때 어떤 표적이 있겠나이까?**』(막 13:4) 한편 "마태"는 이 "두 번째 질문"을 다시 "두 개의 질문"으로 구분했는데, 『**주께서 오실 표적**』이 무엇인가와, 『**세상 끝의 표적이 어떤 것인지**』로 나눈 것이다(마 24:3). 사실 이 "두세 가지 질문들"은 "종말, 곧 마지막 날들에 있을 일들"에 관한 "하나의 질문"이다. 이 질문에 대해 예수 그리스도께서는 "환란 시대"와 "재림" 때 일어날 일들에 관한 위대한 가르침을 주시는데, 이것이 바로 그 유명한 "올리브산 설교"이다(마 24:3-25:46, 막 13:3-37, 눅 21:7-38).

참고로 "올리브산 설교"를 즈음하여, "열 처녀의 비유," "달란트의 비유," 예수 그리스도의 재림 때 있을 "양과 염소에 대한 심판," 곧 "이방 민족에 대한 심판"을 가르쳐 주셨다(마 25:1-46). 한편 그 무렵 예루살렘에서는 예수 그리스도를 죽이려는 "음모"가 있게 되는데(마 26:1-5,

막 14:1,2, 눅 22:1,2), "유다 이스카리옷"이 대제사장들과 더불어 예수님을 배반하기로 약속하고 "은 삼십 개"로 약정한 뒤, 주님을 그들에게 넘겨줄 기회를 엿본 것이다(마 26:14-16).

1. 재림에 관한 표적들(막 13:5-8,21-23)

1) "**<u>거짓말을 통한 미혹</u>**"이 극에 달하게 된다(5,6,21-23절, 마 24:4,5,11,23-26, 눅 21:8).

『예수께서 그들에게 대답하여 말씀하기 시작하시더라. "아무도 너희를 미혹하지 못하도록 주의하라. 많은 사람이 내 이름으로 와서 말하기를 '내가 그리스도라.'고 말하며 많은 사람을 미혹하리라』(막 13:5,6).

예수 그리스도께서는 올리브산에서 하신 "종말에 관한 설교"에서 **『아무도 너희를 미혹하지 못하도록 주의하라.』**(마 24:4)라고 경고하셨다. 사도 바울도 거짓말을 믿게 만드는 "강력한 미혹"이 있을 것이라고 경고했다(살후 2:8-12). 이런 "미혹"의 중심에는 "로마카톨릭, 극단적 칼빈주의, 은사주의"를 위시한 각종 "이단들"(고전 11:19, 갈 5:20, 벧후 2:1)과 "자칭 메시아들"(마 24:5,23)이 포진해 있다. 그뿐 아니라 사람들을 미혹하는 각종 "거짓말들"(암 2:4)이 배교한 교회들의 "설교 강단"을 통해 일파만파 퍼져 나가고 있는데, 이 모든 말들은 온 반죽을 부풀게 만드는 "누룩들"(마 16:11, 막 8:15, 눅 12:1, 고전 5:6-8, 갈 5:9)이며, 거듭난 그리스도인은 이런 거짓말들에 속아 넘어가서는 안 된다.

2) "**<u>전쟁, 기근, 지진, 재난(역병)</u>**"이 극심해진다(7,8절, 마 24:6-8, 눅 21:9-11).

『또한 너희가 전쟁과, 전쟁의 소문을 들을 때 걱정하지 말라. 그런 일이 반드시 일어나겠지만 아직 끝은 아니니라. 민족이 민족을 대적하고, 나라가 나라를 대적하여 일어나겠으며, 또 여러 곳에서 지진이 날 것이요, 기근과 재난이 있을 것이니 이런 일은 고통의 시작일 뿐이라』(막 13:7,8).

〈군대 역사 백과사전, Encyclopedia of Military History〉(1986)에 따르면, B.C. 3500년 이후로 4,345회의 전투가 있었다. "국제연합"(UN)이 1945년에 창설된 이후로 177회의 무장 갈등이 세계에 있었는데, 그중 12회가 굵직하고 중요한 전쟁이었고, 21회가 중간 규모의 전쟁, 23회는 반란, 16회는 권력을 찬탈하기 위한 전쟁, 36회는 정권 교체를 위한 내란, 24회는 "군사력 개입"이었다고 한다. 한편 미국 "지질학회"에 따르면, 1987년부터 지난 2010년까지 22회의 대규모 지진이 있었고, 324회의 중요한 지진이 있었다. "지진 강도 5" 이상을 나타내는 수많은 강진이 1900년 이후로 10년마다 두 배로 증가하고 있다. 또한 최근 "세계식량기구"에서는 앞으로 10년 뒤에 굶어 죽는 사람의 수를 15억 명으로 추산했는데, 이는 전 세계 인구의 "4분의 1"에 육박하는 수준이다. 역병, 곧 전염병도 계속 발생할 것인데, 에볼라 바이러스, 유행성 독감, 에이즈, 사스, 메르스, 신종 코로나바이러스 등이 기승을 부리는 것이다.

2. 대환란 기간에 일어날 일들(막 13:9-23)

1) "택함받은 백성"인 "유대인 환란 성도들"이 "**미움과 박해**"를 받는다(9-13절, 마 24:9-14, 눅 21:12-19). 많은 사람이 실족하고 배반하며 미워할 것이고, 인간성이 상실되고 사랑이 식어 갈 것이다(마 24:12, cf. 딤후 3:1-13). 그런 가운데 "유대인 환란 성도들"은 가족들에게 배반당하고(12절, 미 7:6, 마 10:34-36),

심지어 죽임을 당하게 된다. 하지만 그런 고난 속에서도 "환란 성도들"은 『**복음**』(10절), 곧 『**하나님의 나라의 복음**』(막 1:14)과 『**왕국 복음**』(마 24:14)을 선포하는 가운데, 『**대환란**』(마 24:21) 기간 『**끝까지**』(마 24:13) 견디며 믿음을 지켜야 한다. 왜냐하면 그렇게 해야 구원받을 수 있기 때문이다. 『**또 너희는 내 이름으로 인하여 모든 사람에게 미움을 받으리라. 그러나 끝**[환란 시대 끝]**까지 견디는 자는 구원을 받으리라**』(막 13:13).

2) "**멸망의 가증한 것**," 곧 "**적그리스도**"가 "환란 성전" 지성소 안에 서서(14절, 마 24:15) 또는 앉아서 사람들의 숭배를 받는다(살후 2:4). 교회의 휴거 이후 환란 시대에 세상 전면에 등장할 "적그리스도"는 유대인과 맺은 언약을 환란 중반에 파기하고(단 9:27), 선지자 "다니엘"이 예언한 대로 성전을 더럽히고 날마다 드리는 희생제를 폐지하고 예물을 금지할 것이다(단 8:13; 9:27; 11:31; 12:11). 이후 적그리스도는 예루살렘과 유대 땅의 유대인들을 "**극심하게 박해**"하게 된다(15-18절, 마 24:16-20, 눅 21:20-24).

『그러나 너희가 선지자 다니엘이 말했던 멸망의 가증한 것이 서지 못할 곳에 서 있는 것을 볼 때면 (읽는 자는 깨달으라.) 유대에 있는 자들은 산으로 도망하라. 지붕 위에 있는 사람은 집으로 내려오지 말고, 집에 무엇을 가지러 들어가지도 말라. 또 들에 있는 사람은 겉옷을 집으려고 뒤로 다시 돌아서지 말라. 그 날들에는 아이를 밴 자들과 젖 먹이는 자들에게 화 있으리라! 너희는 피난하는 일이 겨울에 일어나지 않도록 기도하라』(막 13:14-18).

『**유대에 있는 자들**』(14절)은 "이방인들"이나 "그리스도인들"이 아니고, 문자 그대로의 "**유대인들**"로서, 특히 예수 그리스도께서 재림하시기 직전인 "대환란 기간"에 지상에 남아 있을 "유대인들"인 것이다. 그들은 적그리스도의 박해를

피해 "산"으로 도망해야 하는데(14절), 하나님께서는 이 유대인들을 "산들"에서 먹이실 것이고(미 7:14-16, 렘 50:19,20), 특히 유대인들을 "광야," 곧 "셀라 페트라"로 데려가시어 초자연적으로 부양하실 것이다(호 2:14,15, 계 12:1-15). 한편 그들에게는 『**뒤로 다시 돌아서지 말라.**』(16절)라는 경고가 주어지는데, 이것은 "소돔"이 멸망할 당시 뒤를 돌아보았다가 "소금 기둥"이 되어 버린 "롯의 아내"(창 19:26)를 기억나게 한다. 『**롯의 아내를 기억하라**』(눅 17:32). 롯의 아내는 환란 시대에 구원을 받아 성도가 되었지만 끝까지 견디지 못하여 "구원을 잃어버린 환란 성도들"을 예표한다.

또한 환란 기간에 "**임산부**"나 "**젖을 먹여야 할 아기들이 있는 환란 성도들**"은 "**화**"를 당하게 된다(17절, cf. 눅 23:28,29). 무엇보다도 유대인들은 피난하는 일이 "**겨울이나 안식일에 일어나지 않도록**" 기도해야 한다. 만일 대환란의 고통이 "안식일"에 닥치면 그들은 꼼짝없이 당하게 되는데, 이는 그날에 "비행기 운항"이 중단되기 때문이다. 이렇듯 "대환란"은 유사 이래 "**전무후무한 고난의 기간**"이 될 것이다(19절, 마 24:21). 대환란은 "야곱의 고난의 때"(렘 30:7)로도 불리며, "산고를 겪는 여인의 고통"으로도 묘사된다(사 66:7,8, 미 5:3, 렘 30:6; 49:24, 호 13:13, 살전 5:3). 그러나 "**택함을 받은 사람들**"("**유대인 환란 성도들,**" 사 45:4; 65:9)을 위해 그 고난의 기간은 단축될 것이다(20절, 마 24:22). 본래 환란 시대의 기간은 전체 "7년"이지만(단 9:25), "하나님의 섭리적인 계획"에 따라 그 기간은 매우 유동적이다(cf. 단 7:25; 8:14; 12:2,11, 계 13:5).

3. 대환란 끝 무렵에 일어날 일들(막 13:24-27)

1) "**천체들의 변화**"와 더불어 "**대재앙**"이 임한다(24,25절, 마 24:29, 눅 21:25). 대환란 끝, 곧 재림 직전에 천체들의 변화로 대재앙이 일어날 것인데, 이러한 대재앙은 요한계시록에 나오는 재앙들과 일치하고, 하늘들의 권능들도 흔들릴

것이며, 천체들의 무서운 변화와 격동으로 인해 죄인들은 공포와 두려움 속에 절망할 것이다(눅 21:25,26; 23:30, 계 6:12-17).

2) "**환란 성도들이 휴거**"된다(27절, 마 24:27,31,40,41). 이것은 교회 시대 끝 무렵에 있을 "그리스도인들의 휴거"가 아니며, 문맥상 "대환란"(마 24:21,29) "이후"(27절, 마 24:29), 곧 "**대환란 끝에 있을 환란 성도들의 휴거**"를 가리킨다. 그때 주님께서는 큰 나팔 소리와 함께 천사들을 보내셔서 익은 곡식들을 거두듯이(계 14:15,16) "택함을 받은 유대인들"을 모으시어(27절, 마 24:31) "곡식 창고"인 "아버지의 왕국"으로 들이실 것인데(마 3:12; 13:30,43), 두 사람이 밭에 있거나 맷돌을 갈고 있다가 한 사람은 데려가게 되고, 한 사람은 남게 될 것이다(마 24:40,41).

3) "인자"이신 예수 그리스도께서 이 땅에 "**재림**"하신다(26절, 마 24:27,30, 눅 21:27). 하늘에서는 "인자의 표적"이 나타날 것이고, 땅에서는 이스라엘의 열두 지파가 메시아이신 예수 그리스도를 죽인 것에 대해 대대적으로 회개하며 통곡할 것이다(마 24:30, 슥 12:10-14). 번개가 동편에서 치면 서편에까지 비치는 것처럼(마 24:27, 삼하 22:14,15, 시 144:6, 슥 9:14), 인자이신 예수 그리스도께서는 하늘의 구름을 타고 재림하실 것이다(26절, 마 24:30, 눅 21:27).

4. 재림의 징조 : "이스라엘의 회복"(막 13:28-31, 마 24:32-39, 눅 21:28-33)

『이제 무화과나무의 비유를 배우라. 가지가 이미 유연해지고 잎이 나오면 여름이 가까워진 줄 너희가 아나니 이와 같이 너희도 이런 일들이 일어나는 것을 보면 그 때가 가까이 곧 문들 앞에 가까운 줄 알라. 진실로 내가 너희에게 말하노니, 이 세대가 지나가기 전에 이 모

> 든 일이 이루어지리라. 하늘과 땅은 없어져도 내 말들은 결코 없어지지 아니하리라』(막 13:28-31).

"무화과나무"는 "이스라엘"이다. "저주받은 무화과나무"의 가지가 유연해지고 잎이 나오는 징조는 "교회가 휴거될 무렵"에 이스라엘이 "하나의 국가"가 되고 "한 민족"으로서 싹을 틔우고(눅 21:29,30) 잎을 내고 열매를 내기 시작할 것이라는 사실을 보여 준다. **즉 "교회의 휴거 시기"와 한 민족으로서 "이스라엘이 열매를 내기 시작하는 시기"가 맞물려 있는 것이다**. 무화과나무의 가지가 유연해지고 잎이 나기 시작하고 이제 막 열매를 맺기 시작할 준비를 한 시기는 1948년 5월 14일, 곧 이스라엘이 독립 국가를 세운 날이다. 그렇다면 이 시기와 맞물려 있는 "교회의 휴거"는 언제 일어날 것인가?

"**이 세대**"가 지나가기 전에, 곧 "**이스라엘이 다시 하나의 국가가 되던 때에 살아 있는 세대**"가 끝나가기 전에 이 모든 일들(재림과 관련된 일들)이 다 이루어진다고 했으니, **교회의 휴거도 이 세대가 지나가기 전에 반드시 일어나야 한다**. 다만 이스라엘이 하나의 국가가 된 1948년부터 "**한 세대를 몇 년으로 볼 것인가**"가 주된 관건이다. 만일 한 세대의 길이를 "33년"(사 53:8)으로 보면, 재림의 시기는 1981년이고, 그보다 7년 앞서 일어나는 교회의 휴거는 1974년이 된다. "42년"(마 1:17)으로 보면, 재림의 시기는 1990년(휴거는 1983년)이 된다. "70년" 또는 "80년"(시 90:10)으로 보면, 재림의 시기는 2018년(휴거는 2011년) 또는 2028년(휴거는 2021년)이 된다. "100년"(창 15:13,16)으로 보면, 재림의 시기는 2048년(휴거는 2041년)이 된다.

한편 성경은 『**그 날과 시간에 관해서는 아무도 모르나니, 정녕 하늘에 있는 천사들도 모르고 아들도 모르며 오직 아버지만 아시느니라.**』(32절, cf. 마 24:36)라고 말씀한다. 따라서 우리는 "교회의 휴거"의 "날짜와 시간"을 확정할 수 없는데, 여기에는 "**다섯 가지 이유**"가 있다. 첫째, 성경이 그 날과 시간에 관해서는 아무도 모른다고 말씀하셨다. 둘째, 현재 우리가 사용하는 달력이 정확하지 않을 수 있다. 셋째, 하나님께서 이스라엘의 역사를 다루실 때 어떤 연도나 날들을 계산하시지 않은 것처럼(왕상 6:1, 욥 3:6) 우리가 모르는 계산에 넣지 않으시는 연도와 날들이 있을 수 있다. 넷째, 환란 기간의 날들이 단축될 수 있을 정도로 유동적이다(막 13:20). 다섯째, 하나님께서 누군가의 회개와 구원을 위하여 시기를 조율하실 수 있다(벧후 3:9,15). **한 가지 분명한 것은 우리 인간들이 사용하는 달력이 아닌 "하나님의 달력과 시간표상"에는 우리가 성경을 통해 배운 모든 예언과 사건들이 일어나는 시기가 정확하게 들어맞을 것이라는 점이다**. 왜냐하면 하늘과 땅은 없어져도 하나님의 말씀들은 절대로 없어지지 않고 반드시 이루어질 것이기 때문이다(31절, 마 24:34,35).

예수 그리스도께서는 언제라도 오실 수 있다. 특히 그날은 무척 임박해 있다. 우리가 휴거와 재림의 연도나 시기를 추측해 보는 것은 "두 가지 이유" 때문이다. 하나는, 재림의 날짜를 정하려 하는 이단들과 사이비들의 미혹에 속지 않기 위해서이고, 다른 하나는, 주님의 재림의 임박성을 인지하고 주님의 재림을 더욱 사모하고 깨어 있기 위해서이다. 『**너희는 주의하여 깨어 기도하라. 이는 너희가 그 때가 언제인지 모르기 때문이라**』(막 13:33). 『**너희는 스스로 주의하라. 그리하여 어느 때라도 너희 마음이 방탕과 술 취함과 이생의 염려로 무겁게 되어 그 날이 갑자기 너희에게 임하지 않게 하라**』(눅 21:34). 다시 말해 "세상의 빛"이신 주님께서 계시지 않는 "밤," 밤 중에서도 동이 트기 전 가장 어두울 때 해당하는 이때 마음이 무거워지지 않도록 주의하라고 말씀하시는 것이다.

『이는 인자가 마치 자기 집을 떠나 멀리 여행을 하면서 그의 종들에게 권세를 주어 각자에게 일을 맡기고 문지기에게는 깨어 지키라고 지시하는 사람과 같음이라. 그러므로 깨어 있으라. 그 집주인이 언제 올는지, 저녁일는지, 밤중일는지, 닭이 울 때일는지, 아니면 아침일는지 너희가 모르기 때문이라. 그가 갑자기 와서 너희가 잠든 것을 보지 않도록 하라. 내가 너희에게 말하는 것은 모든 사람에게 말하는 것이니 깨어 있으라."고 하시더라』(막 13:34-37). 지금은 깨어서 일할 때이지 잠잘 때가 아니다. 세상일에 분주할 때가 아니고 하나님의 일을 넘치게 해야 할 때다. 우리에게는 육신을 위해 계획할 겨를이 없다. 왜냐하면 우리의 몸이 구속될 날이 처음 믿었던 때보다 훨씬 더 가까워졌기 때문이다. 지금은 주의 뜻이 무엇인지 이해하고 그 뜻에 맞게 정확히 일해야 할 때다. 예수 그리스도의 재림을 간절히 소망하면서 항상 깨어 있는 성도들이 되길 바란다.

■ 새롭게 깨달았거나 적용할 내용이 있다면 적어 보세요. ■

NOTES

NOTES

제3과

마지막 만찬과 겟세마네의 기도

『예수께서 그에게 말씀하시기를 "나는 길이요 진리요 생명이라. 나로 말미암지 않고는 아버지께로 올 사람이 아무도 없느니라』(요 14:6).

올리브산에서의 설교 이후 겟세마네 동산까지의 일들

올리브산에서 설교가 끝난 후, 선임 제사장들과 백성들과 장로들은 대제사장 카야파의 관저에 모두 모여 예수님을 붙잡아 죽이려고 의논했다(마 26:1-5, 막 14:1,2, 눅 22:1,2). 이후로 베다니에 있는 문둥병자 시몬의 집에서 한 여인이 예수님의 머리에 향유를 부었다(마 26:6-13, 막 14:3-9). 이제 주님께서는 제자들에게 유월절을 준비하게 하신다(마 26:17-19, 막 14:12-16, 눅 22:7-13). 그리고 저녁 식사 후에 제자들의 발을 씻겨 주시고(요 13:1-20), 자신이 배반당하실 것에 관해 말씀하신다(마 26:20-25, 막 14:17-21, 요 13:21-30). 이어 주의 만찬을 행하신다(마 26:26-29, 막 14:22-25, 눅 22:14-20, 요 13:21-30). 제자들은 주님을 배반할 자가 누구인지 서로 묻다가(눅 22:21-23) 이내 누가 가장 큰 사람인가에 대해 서로 다투기 시작한다. 그러자 주님께서는 섬기는 자가 되라고 말씀하시면서 천년왕국에서의 제자들의 위치에 대해 말씀하신다(눅 22:24-30). 그리고 주님께서는 제자들과 베드로가 부인할 것에 대해 경고하신다(마 26:30-35, 막 14:26-31, 눅 22:31-34, 요 13:36-38). 그 이후로 겟세마네에서 기도하시기 전까지의 상황은 요한복음 14-17장에만 기록되어 있다. 이를 정리하면 다음과 같다.

1. 주님께서 처소를 마련하면 다시 오실 것과 아버지와 자신이 하나님이심을 말씀하셨다(요 14:1-12).

2. 예수님의 이름으로 무엇이든지 구하면 그것을 행하실 것이라고 약속하셨고, 예수님의 계명을 지키라고 말씀하셨다(요 14:13-15).

3. 위로자이신 성령께서 오실 것과 성령께서 어떤 분이시며 어떤 일을 하실 것인가에 관해 말씀하셨다(요 14:16-26).

4. 제자들에게 화평을 남겨 주리라고 말씀하시며, 다시 근심하지 말고 두려

워 말라고 말씀하셨다. 또 앞으로 되어질 일들을 두려워하지도, 근심하지도 말고 오직 화평을 지니라고 말씀하셨다(요 14:27-31)

5. 포도나무와 가지의 관계를 통해 풍성한 열매를 맺을 것과 계명들을 행할 것에 관해 말씀하셨다(요 15:1-17).

6. 세상이 제자들을 미워하는 것은 예수님과 아버지를 미워하는 것임을 말씀하셨다(요 15:18-27)

7. 제자들이 회당에서 출회되고 죽임당할 것을 말씀하셨다(요 16:1-6).

8. 위로자이신 성령께서 죄와 의와 심판 그리고 그분께서 하시는 일에 관해 말씀하셨다(요 16:7-11).

9. 성령께서 믿는 자들을 진리로 인도하시는 사역에 관해 말씀하셨다(요 16:12-15)

10. 주님의 죽음과 부활과 재림에 관하여 말씀하셨다(요 16:16-23).

11. 주님의 이름으로 구하면 주실 것과 주님을 믿을 것에 관하여 말씀하셨다(요 16:24-33).

12. 제자들을 위해 기도하셨다(요 17:1-26).

그리고 겟세마네에서의 기도가 이어지게 된다(마 26:36-46, 막 14:32-42, 눅 22:39-46, 요 18:1).

큰 다락방에서의 일들

1. 제자들의 발을 씻겨 주신 예수 그리스도

주님께서 유월절을 준비케 하신 날은 화요일이다. 그날 저녁 6시 이후에 준비된 큰 다락방에서 제자들과 함께 마지막 유월절을 보내신다. 저녁 6시는 유대인들의 시간 개념으로는 새로운 하루가 시작되는 날이다. 그래서 누가복음 22:7에서는 이날을 『**유월절 양을 잡아야 하는 무교절**』이라고 표현하고 있다. 분명 유월절과 무교절은 서로 다른 날이지만 두 절기는 시간의 간격 없이 곧바로 이어지기에 신약에서는 두 절기를 한 날처럼 다루고 있다. 마가복음 14:12에서 『**무교절의 첫날, 즉 유월절 양을 잡는 날**』이라고 표현하고 있는 것을 보면 더 확실해진다. 유월절 저녁이 곧 무교절의 첫날이 되기 때문이다. 이때 주님께서는 제자들의 발을 씻겨 주신다. 그리고 제자들에게 이와 같은 본을 따라 섬겨야 한다고 제자들에게 명령하신다(요 13:1-20). 오늘날 이 명령을 문자적으로 실행하여 소위 "세족식"을 실행하는 교회들이 있다. **하지만 이것은 예수님께서 보이신 "본"(an example)을 따라 행하라는 말씀이지(15절), "문자적으로" 발을 씻기라는 말이 아니다**. 더욱이 주님께서 신약 교회에 행하라고 주신 의식도 아니다. 만약 제자들이 실제로 하나의 의식으로 발을 씻겨 주는 일을 했더라면, 분명 성경에서 그에 관한 흔적을 찾아볼 수 있었을 것이다. 하지만 주님께서 말씀하신 "본"은 예수님께서 자기 사람들을 끝까지 사랑하신 것(1절)에 대한 "하나의 사례, 본보기"(an example)였다. 그래서 이러한 본을 따라 "겸손히 행하면서 사랑으로 서로를 섬길 것"에 관해 제자들에게 명령하신 것이었지 다른 사람의 발을 씻겨 주라는 것에 관한 명령이 아니었다.

그런데 베드로는 예수님께서 발을 씻겨 주시는 행동의 "참된 의미"를 몰랐다. 그래서 예수님께서 그의 발을 씻어 주시려 했을 때 이를 거부한다(6-11절). 하지만 주님께서 『**만일 내가 너를 씻기지 아니하면 너는 나와 상관이 없느니라.**』(8절)라고 단호하게 말씀하시자 이제는 발뿐만 아니라 손과 머리도 씻어 달라고(9절) 말한다. 그러자 예수님께서는 『**이미 목욕한 사람은 발밖에 씻을 필요가 없으니 그는 온몸이 깨끗함이라.**』(10절)라고 말씀하신다. 이 말씀은 예수님께서 발을 씻으신 행동의 "참된 의미"를 잘 설명해 준다. 예수님께서 씻어 주시는 것은 제자들의 "발"이지 "몸"이 아니다. "이미 목욕한 사람"은 온몸이 깨끗한 사람이다. 이 사람은 예수님의 십자가의 보혈을 통해 죄를 용서받음으로써 "이미 구원받은 사람"을 가리킨다. "구원"은 단 한 번으로 족하며 그것 자체로 영원하다.

문제는 구원받은 성도가 그 육신의 연약함 가운데 죄를 짓는다는 사실이다. 온몸이 깨끗해도 발이 더러워지면 발을 씻는 것처럼, 구원받은 성도도 죄를 범하게 되면 하나님께 죄를 자백하여 예수 그리스도의 보혈로 정결케 하며 말씀의 물로 씻어 주님 앞에서 성별된 모습을 유지해야 한다. 더러워진 발은 우리를 부르신 하나님께서 인도하시는 길을 걷기에 합당하지 않다. 그래서 말씀의 물로 매일 매일 씻어야만 한다. 하나님의 말씀은 그리스도인의 일상적인 삶을 정결케 하고, 그리스도인이 행하는 모든 행동을 깨끗하게 해 주실 수 있는 능력 있는 말씀이다. 그래서 시편 119:9에서도 『**청년이 무엇으로 자기 길을 정결케 하리이까? 주의 말씀을 따라 조심할 것이니이다.**』라고 말씀한다. 예수님께서 성령님을 통해 말씀의 물로 우리를 씻어 주시는 일은 능숙한 종의 솜씨처럼 완전하다. 주님께서는 발을 씻어 주신 후, 허리에 두른 수건으로 물기까지 말끔히 닦아 주심으로써 그 일을 완전하게 마무리하시는 것이다.

2. 주님을 배반한 배반자, 유다 이스가리옷

주님께서는 이제 자신이 배반당하실 것에 관해 말씀하신다(마 26:20-25, 막 14:17-21, 요 13:21-30). 그러자 제자들은 『**주여, 그가 나니이까?**』(마 26:22)라고 묻는다. 이 장면을 상세히 기술하고 있는 요한복음에서 사도 요한은 다른 제자들과 달리 『**주여, 그가 누구니이까?**』(요 13:25)라고 묻는다. "예수께서 사랑하시던 제자"(요 13:23)라 불린 요한은 예수님의 품에 가까이 기대어서 물었고, 주님의 대답에 그가 누구인지를 알았다. 하지만 요한에게만 개인적으로 답변해 주셔서(요 13:26) 다른 제자들은 듣지 못했기에 유다가 주님과 함께 그릇에 손을 넣었어도 그에 대한 적개심을 품지 않았다(마 26:23).

그때 유다가 『**선생님, 그가 나니이까?**』(마 26:25)라고 묻는다. 이것이 그리스도에 대한 배신과 관련하여 제자들이 물었던 세 개의 서로 다른 질문들이다. 여기서 유다가 주님을 "선생님"이라고 부른 것은 의미심장하다. 물론 제자들이 간혹 예수님을 "선생님"이라 부르기는 했지만, 지금은 "주님의 죽으심"을 눈앞에 둔 특별한 자리다. 따라서 마땅히 "주"라고 불러야 할 자리에서 "선생님"이라고 불렀다는 것은 유다 이스카리옷이 다른 제자들과 다르다는 것을 보여 주고 있다. 무엇보다도 그는 예수 그리스도를 "주"라고 부른 적이 없다. 이것은 사탄이 예수 그리스도를 "지극히 높으신 하나님의 아들 예수여"(눅 8:28), "네가 하나님의 아들이면"(눅 4:3)이라고는 말했어도, 결코 "주"라고 시인한 적이 단 한 번도 없었던 것과 마찬가지다. 여기서도 주님께서는 유다의 배반으로 십자가에 못 박히시는 것이 아니라 예언에 따라 이루어지는 것임을 재차 강조하고 계신다(마 26:24).

사실 유다 이스카리옷은 단순한 인간이 아니었고, "한 마귀"(a devil)였다(요 6:70). 저녁 식사가 끝났을 때 "마귀"(the devil)가 유다 이스카리옷의 마음속에 예수님을 배반할 생각을 넣었다(요 13:2). 예수 그리스도께서 제자들 중 하나에게 배신당하신다는 것은 구약에서 이미 예언되어 있었다(시 41:9; 55:12-14). 그런데 유다 이스카리옷이 마귀라는 사실은 요한복음에만 기록되어 있다. 그뿐만 아니라 유다 이스카리옷의 실체, 곧 적그리스도의 실체가 밝혀지는 것도 사도 요한을 통해서라는 사실은 주목해 볼 만하다(요 6:70; 17:12, 요일 2:18; 4:3, 계 6,12,13장).

3. 신약 교회가 행해야 할 의식 중 하나, "주의 만찬"

주님께서는 이제 주의 만찬을 거행하신다(마 26:26-29, 막 14:22-25, 눅 22:14-20, 요 13:21-30). 자신의 쪼개진 몸과 흘리신 새 언약의 피를 자신이 다시 올 때까지 기억하라고 명령하셨다. 주의 만찬은 신약 교회가 행하는 두 가지 의식 중 하나다. 로마카톨릭은 이 의식을 통해 구원을 받는다고 말한다. 즉, "빵과 포도주"를 실제적인 그리스도의 살과 피로 여기며, 주님의 살과 피인 빵과 포도주를 매주 먹고 마시지 않으면 구원을 잃어버린다고 주장하는 것이다. 이를 합리화하기 위해 궁색하게도 유다 이스카리옷이 "주의 만찬"(고전 11:20)의 자리에 없었다고 말한다. 하지만 "마귀인 유다"(요 6:70)는 주의 만찬의 자리에 분명히 있었고 함께 참여했다. 하지만 그는 죽어서 "자기 거처"(행 1:25)인 끝없이 깊은 구렁으로 갔다(계 9:1-11). 이는 로마카톨릭이 말하는 소위 "성 만찬"은 구원과 아무런 관계가 없다는 것을 알려 준다.

"주의 만찬"(고전 11:20)에서 주님께서 드신 잔은 로마카톨릭이 사용하는 것처럼 결코 포도주가 아니라 포도즙이었다. 이를 마태복음 26:29에서 "이 포도 열매에서 난 것"이라고 말씀하심으로써 그 잔에 담긴 것은 "발효되지 않은 순수한 포도즙"임을 증거 하고 계신다. 선지자 이사야도 이에 대해 "포도송이에 새 포도주가 보이면"(사 65:8)이라고 설명한다. 신명기 32:14에서도 이스라엘이 광야에서 마신 포도즙을 "포도의 순수한 피"로 묘사하는데, 이는 예수 그리스도의 피를 상징한다. 더욱이 로마카톨릭은 어떻게든 발효된 술을 연계시키려 하지만 오히려 성경은 여러 곳에서 "술"을 금하고 있다(잠 20:1; 23:31; 31:4). <u>주의 만찬에서 예수 그리스도께서 드셨던 잔인 포도의 순수한 피 곧 예수 그리스도께서 십자가에서 흘리신 피는 "새 언약(New Testament)"의 피이다 (마 26:28)</u>. 이 "언약"은 유언 곧 누군가의 죽음과 관련된 것으로 "첫 언약 때 흘려진 피"(히 9:18-20)와 "새 언약의 중보자로서 죽으시는 것"(히 9:15)이 대조된다. 사실 "첫 언약"은 불완전하고 영원하지 못했는데, 왜냐하면 "동물의 피"로는 죄를 덮을 뿐 결코 깨끗게 되지는 못했기 때문이다(출 34:7). 그래서 완전하고 영원한 속죄를 가져올 "새 언약"이 필요했다. 이 새 언약은 온전한 속죄가 가능한 "예수 그리스도의 피"를 통해 시작될 수 있는 언약이다(히 9:16-17). **이에 반해 "새 언약"(New Covenant)은 이스라엘의 회복과 관련된 것으로서, 그들이 대환란을 통과한 이후 팔레스타인 땅으로 돌아올 무렵에 재림하시는 예수 그리스도께서 천년왕국에서 "이스라엘 집과 유다 집과 더불어" 맺으실 언약이다(히 8:8)**. 이는 "대환란"이라는 심판을 통해 유대인들의 죄를 심판하시고 그들이 정결케 되어 나오면, 주님께서는 새 언약을 맺은 유대인들의 죄를 용서하시고 그들의 죄를 더이상 기억하시지 않으실 것이다.

주의 만찬 후, 주님께서는 제자들과 베드로가 자신을 부인할 것에 관해 말씀하신다(마 26:30-35, 막 14:26-31, 눅 22:31-34, 요 13:36-38). 하지만 이 모든 것에 관해 예수님께서는 "기록되기를"(마 26:31, 슥 13:7)이라고 말씀하시면서 성경대로 이루어질 것을 예언하셨고 또 그대로 이루어졌다(마 26:56). 아울러 자신이 다시 살아나실 것도 약속하셨다(마 26:32). 그러나 제자들은 주님의 말씀에 아랑곳하지 않고 자신들이 "결코" 실족하지 않을 것이라며 자기 열성만을 토로한다. 늘 그러했듯이 이때도 열성적인 베드로가 가장 먼저 입을 열었고, 이에 주님은 그런 베드로에게 "진실로" 그가 세 번 부인할 것을 말씀하신다(마 26:33-35). 베드로와 제자들은 주님의 이 경고의 말씀을 무시했지만, 하나님의 말씀대로 베드로는 세 번 부인했고 그들은 흩어지게 된다.

■ 새롭게 깨달았거나 적용할 내용이 있다면 적어 보세요. ■

겟세마네 동산에서의 기도

요한복음 14장의 말씀을 마치시고 주님께서는 제자들에게 유월절 만찬을 먹었던 그 집, 그 큰 다락방에서 일어나 그곳을 떠나자고 말씀하신다. 『**일어나라, 여기를 떠나자**』(요 14:31). 이후 예루살렘 거리를 걸으시면서 제자들에게 계속 강론하셨고(요 15,16장), 기도하셨으며(요 17장), 케드론 시내를 건너 겟세마네 동산으로 향하신다(요 18:1). 그리고 겟세마네에서 주님은 세 번 기도하신다(마 26:36-46, 막 14:32-42, 눅 22:39-46, 요 18:1). 죽음을 앞두고 인성을 표출하며 죽음의 실상을 일깨워주신 겟세마네에서의 세 번의 기도를 마태, 마가, 누가만 기록하고 있다. 요한복음에도 겟세마네의 기록은 있지만, 요한복음은 하나님이신 예수 그리스도를 기록하고 있기에 단지 겟세마네에 도착한 것만을 기록하고 인성이 표출된 기도의 기록은 없다는 것을 알 수 있다.

1. 베드로, 야고보, 요한과 기도하러 가심

주님께서는 열두 제자들 가운데 핵심 인물인 베드로와 세베대의 두 아들인 야고보와 요한만을 따로 데리고 기도하러 가신다. 여기서 주님은 "내 혼이 심히 슬퍼 죽을 지경"이라고 말씀하실 정도로 고뇌하신다(마 26:38). "겟세마네"는 "올리브 틀"이라는 뜻인데, 올리브 기름은 "성령님의 모형"이다. 레위인들은 성소의 등불을 켤 때 "찧어 낸 순수한 올리브 기름"으로 켜서 꺼뜨리지 말아야 했다(레 24:2). 이것은 주님께서 그들에게 기도하실 때 "나와 함께 깨어 있으라"(마 26:38)라고 말씀하신 것과 맥을 같이하고 있다. 누가복음에서는 특히 이 사건을 상세히 묘사하고 있는데, 땀이 핏방울처럼 되어 땅에 떨어졌으며, 한 천사가 나타나서 주님께 힘을 돋우어 주었다고 기록하고 있다(눅 22:43,44).

이러한 모습은 항상 기도를 통해 아버지 하나님께 의뢰하시는 예수 그리스도의 생애를 단적으로 보여 주고 있다.

"깨어 있으라"(마 26:38,41)는 주님의 당부는 제자들로 하여금 시험에 들지 않도록 하시기 위한 것이었다(마 6:13). 하지만 아무런 소용이 없었다. 특히 주님께서 마태복음 26:37에서 베드로를 세베대의 두 아들과 구분 짓고 계신 것은 베드로가 다른 두 제자보다 시험에 들지 않도록 더욱 깨어 있어야 함을 암시하고 있다. 마태복음 26:33에서 "모든 사람이 주로 인하여 실족할지라도 결코 자신은 실족하지 않겠다"라고 자신만만해 한 모습을 보인 베드로를 향해 주님께서는 40절에서 "나와 함께 한 시간도 깨어 있을 수 없더냐?"라고 물으신다. 주님은 아끼시던 제자들을 위해 모든 것, 심지어 생명까지도 내어주시려 하지만 그들은 불과 한 시간조차 깨어 있지 못한 것이었다. 그런 가운데서 행해진 "주님의 기도"는 "목자"의 외로운 기도였고 자신의 간구를 진솔하게 하나님께 아뢰는 "진지한" 기도였으며, 자기 뜻보다는 "하나님의 뜻을 먼저 구하는" 기도였다. 무엇보다도 세 번에 걸친 "끈질긴" 간구임을 보여 주고 있다.

2. 겟세마네에서의 기도의 내용

겟세마네에서의 "주님의 기도"는 "아버지의 잔"을 지나가게 해 달라는 것이었다(마 26:39). 그런데 이 잔은 육체의 "죽음"이 아니다. 애당초 주님께서는 죽기 위해 오셨다. 결코 육체의 죽음을, 십자가에 매달리는 그 일을 두려워하신 게 아니다. 주님의 지상 생애는 고난의 연속이었고, 믿지 않던 백성들과 종교지도자들의 배척을 받으셨으며, 머리 둘 만한 곳조차 없는 삶이었다(마 8:20). 그런 주님께서 고난을 받으시고, 십자가에 달리신 것은 "죽음을 두려워하므로 평생을 노예로 속박되어 있는 자들을 놓아주시려는 것"임을 성경은 분명히 밝히고 있다(히 2:15). 주님께서는 이 일에 "친히" 시험을 받아 고난을 당하셨다(히 2:18). 그러므로 겟세마네에서 드린 주님의 기도는 "죽지 않게 해 달라"(from dying)는 것이 아니라, "죽음 자체로부터 구원해 달라"(from dead)는 기도였고, 그런 주님을 하나님께서는 "사망에서" 일으켜 세우심으로써 구원하셨다(고전 15:55). **『하나님께서 그를 사망의 고통에서 풀어 살리셨으니 이는 그가 사망에 매여 있을 수 없었기 때문이라』**(행 2:24). 그러므로 이제는 더 이상 히브리서 5:7을 근거로 겟세마네에서의 기도를 "주님께서 죽음을 두려워함으로써 드린 기도"라고 주장하는 자들에게 속아서는 안 된다.

『그는 육체로 계시는 날들 동안 자기를 사망에서 구원하실 수 있는 분께 심한 통곡과 눈물로 기도와 간구를 드렸고 하나님께서는 그의 두려워하심을 인하여 들으셨느니라』(히 5:7).

결국, 주님께서 말씀하셨던 그 잔은 하나님의 "진노," 곧 죄인에게 내리시는 "진노의 포도주"인 심판을 의미한다(렘 25:15 - "민족들에 대한 심판," 사 51:17 - "예루살렘에 대한 심판," 시 75:8, 계 14:10 - "환란 때 짐승의 표를 받은 악인에 대한 심판"). 하지만 예수님의 간구에 대한 하나님의 응답은 "No"이었고, 결국 그 진노는 죄 없으신 예수 그리스도께 내려졌다. **『하나님께서 죄를 알지도 못하는 그를 우리를 위하여 죄로 삼으신 것은 우리로 하여금 그 안에서 하나님의 의가 되게 하려 하심이라』**(고후 5:21). 만일 겟세마네에서의 기도가 하나님께 받아들여졌다면, 우리는 모두 지옥에 던져지는 비참한 신세가 되었을 것이다. 따라서 우리는 하나님께서 "No"라고 응답하시는 기도에 대해 염려하거나 낙심하지 말아야 할 것이다(빌 4:6, 사 26:3).

■ 새롭게 깨달았거나 적용할 내용이 있다면 적어 보세요. ■

NOTES

제4과

불법적 재판을 받으시는 예수 그리스도 (18:1-19:15)

『그들이 소리지르기를 "처단하소서. 처단하소서. 그를 십자가에 못박으소서."라고 하더라. 빌라도가 그들에게 말하기를 "너희의 왕을 내가 십자가에 못박으랴?"고 하니 선임 제사장들이 대답하기를 "카이사 외에는 우리에게 왕이 없나이다."라고 하더라』(요 19:15).

죄인들이 심판주를 정죄하다

수요일 새벽부터 일어나는 사건들은 『**죄인들의 그와 같은 모순된 행동들**』(히 12:3)의 극치를 잘 보여준다. 이성적으로도, 도덕적으로도, 법적으로도 흠결이 없으신 분, 죄를 알지도 못하는 분(고후 5:21)을 정죄하여 죽이려면, 억지와 모순을 수반하지 않을 수가 없었던 것이다.

등불과 횃불을 들고 세상의 빛을 잡으러 오다

『그때 유다가 군대와 선임 제사장들과 바리새인들에게서 온 관원들을 이끌고 등불과 횃불과 무기들을 가지고 그곳에 오더라』(18:3).

주님께서 계신 곳에는 불빛이 필요하지 않았다. 사복음서 어디를 보아도, 주님께서, 혹은 제자들이 등불을 든 장면은 찾아볼 수가 없다. 주님께서는 세상의 빛이시기에, 그분이 계신 곳에서 행하는 사람들은 따로 불빛을 준비하지 않아도 낮에 활보하는 것처럼 모든 것을 밝히 볼 수 있기 때문이다(요 11:9). 그러나 그 빛을 거부한 사람들은 초라한 "인공조명"을 들어야 했다. 참 빛을 거부한 사람들이 사는 세상에는 어둠이 도래할 뿐이다. 『**내가 매일 성전에서 너희와 함께 있었으나 너희가 나를 잡으려고 손을 내밀지 아니하였도다. 그러나 지**

금은 너희의 때요, 또 흑암의 권세니라."고 하시더라』(눅 22:53).

빛이신 주님께서는 자신을 찾는 자들에게 스스로를 드러내셨다. 『**그들이 "나사렛 예수라."고 주께 대답하니 예수께서 그들에게 말씀하시기를 "내가 그니라."고 하시더라**』(요 18:5). 이때, 『**내가 그니라.**』(I am *he.*)라는 표현은 신성이 담긴 하나님의 성호이기도 했다(출 3:14, 요 8:58). 예수님께 적의를 품고 있던 죄인들조차, 이 성호를 들었을 때에는 물러나서 땅에 엎드릴 수밖에 없었다. 그 자리에 함께 있던 "마귀"도(요 6:70) 마찬가지였다. 이러한 관점에서 볼 때, 주님께서는 "체포당하신" 것이 아니었다. 주님께서는 "체포당해 주신" 것이었다. 주님께서 허락지 않으시면, 죄인들은 그분의 털끝 하나도 건드리지 못한다(눅 4:30, 요 8:59). 주님께서 다만 성경을 이루시기 위해서(마 26:53-56) 죄인들에게 자신을 내어 주셨을 뿐이다.

베드로가 칼을 휘두르다

『그때 시몬 베드로가 칼을 빼어 대제사장의 종을 쳐서 그의 오른쪽 귀를 잘라 버리더라. 그 종의 이름은 말코더라. 그러자 예수께서 베드로에게 말씀하시기를 "네 칼을 칼집에 꽂으라. 나의 아버지께서 내게 주시는 잔을 내가 마시지 아니하겠느냐?"고 하시더라』(18:10,11).

방금 전까지 꾸벅꾸벅 조는 바람에(막 14:37,40) 성경을 이루시려는 주님의 뜻을 전혀 헤아리지 못했던 베드로는, 칼을 들고 나서서 대제사장의 종 말코의 귀를 잘라 버렸다. 주님께서는 이미 여러 번, 심지어는 그 직전에도 자신이 넘겨지실 것임을 베드로에게 말씀하신 바 있으셨고(막 14:41), 과거에 그 일을 말리려고 나선 베드로를 강력하게 책망하신 적도 있으셨다(마 16:21-23). 그럼에도 불구하고 베드로는 또다시 육신적인 열성으로 주님을 섬겨보겠다고 나섰다가 칼을 도로 넣으라는 책망을 들어야 했다. 지식을 따르지 않은 열성은 언제나 위험하다(롬 10:2). 베드로의 경우에도 그러하여 실족하는 계기가 되고 말았다.

베드로는 비겁하게 주님을 버려두고 도망갈 사람은 아니었지만, 그렇다고 자기를 부인하고 하나님의 뜻에 순종할 만큼 성장해있지도 못했다. 베드로는 대적들이 아니라 자신을 향해 책망하시며 칼을 거두라고 명하시는 주님을 바라보며 어안이 벙벙하고 황당했을 것이다. 눈이 커지고 숨을 씩씩거리며 속으로 이렇게 외쳤을 것이다. "주님같이 선하신 분을 죽이려고 드는 저런 나쁜 놈들을 그냥 두라고요? 잡힐 때 잡히더라도 최소한 하나쯤은 데려가야 하지 않겠습니까?" 그러나 단호하게 고개를 저으시는 주님을 바라보며, 베드로는 참을 수 없는 분노와 배신감, 허탈감을 느꼈을 것이다. 육신적인 열성으로 "하나님을 도와드리려고 하는" 사람들은 으레 이런 일을 겪는다.

주님께서 죄인들에게 자신을 내어 주시다

『그때 군대와 대장과 유대인 관원들이 예수를 붙들어 묶으니라』(18:12).

불과 얼마 전까지만 해도 주 예수 그리스도의 입에서 나온 하나님의 성호를 듣고 땅에 엎드려 있었던, 그리고 잘린 귀가 회복되는 기적을 목도했던 유대인들은 언제 그랬냐는 듯 주님을 붙들어 묶었다. 잘 이해가 되지 않을지 모르지만, 이것이 목이 곧은 우리 죄인들의 본모습이다. 죄인들은 하나님을 시험하고 조롱하면서 "능력을 보여 주시면 제가 믿어 드리겠습니다."라고 거짓말한다.

『또 그와 같이 선임 제사장들도 서기관들과 장로들과 더불어 조롱하며 말하기를 "그가 다른 사람들은 구원하였으나 자기 자신은 구원하지 못하는도다. 그가 이스라엘의 왕이면 지금 그 십자가에서 내려와 보라고 하라. 그러면 우리가 그를 믿으리라』(마 27:41-42). 그러나 죄인들은 잘린 귀가 순식간에 다시 붙어도, 사람이 되살아나도, 바다와 강이 갈라져도 여전히 하나님 앞에 진정으로 굴복하지 않는다(요 12:9-11, 수 2:10,11; 5:1; 6:1). 주님께서 붙잡히시던 때에 열두 군단이 넘는 천사를 설령 부르셨다고 해도(마 26:53), 상황은 마찬가지였을 것이다.

죄인들은 하나님의 능력을 보아도 쉽사리 참된 믿음을 갖지 않는 것이다. 하나님의 존재와 능력 앞에 무서워서 떠는 "마귀적인 믿음" 정도는 가질지 몰라도(약 2:19), 마음으로부터 순종하는 참된 믿음만큼은 기를 쓰고 거부한다. 그렇다면 도대체 어떻게 해야 어떤 능력으로도 고칠 수가 없을 만큼 완악한 이 죄인들을 회심시킬 수 있다는 말인가? 하나님께서 내리신 결론은 그분께서 "내려가는 것"이었다(빌 2:5-8). 육신의 몸을 입고 이 땅에서의 죽음으로, 그리고 지옥까지 말이다. 이런 예화가 있다. 어떤 석공이 무릎을 꿇고 비석에 각인하는 작업을 하고 있었는데, 때마침 그쪽으로 지나가던 목사가 그 모습을 보고는 이렇게 말을 건넸다. "나도 당신처럼 돌같이 단단한 사람의 마음을 힘껏 내리칠 수 있었으면 좋겠소." 그러자 석공은 이렇게 대답했다. "당신이 나처럼 무릎을 꿇고 일을 하면 가능할지도 모릅니다."

■ 새롭게 깨달았거나 적용할 내용이 있다면 적어 보세요. ■

안나스 앞에서 재판을 받으시다

『그리하여 주를 먼저 안나스에게로 끌고 가니 이는 그가 그 해의 대제사장인 카야파의 장인이기 때문이더라』(18:13).

율법에 따르면 대제사장은 종신직이었는데(민 35:25 참조), 주님의 초림 당시에는 그러한 규례가 지켜지지 않고 있었다. 이 때에 대제사장은 적어도 둘 이상이었다(요 18:13,22). 13절의 『**그 해의 대제사장**』이라는 표현을 통해, 매해 대제사장이 바뀌었으리라는 사실을 어렵지 않게 유추해 볼 수 있다.

요한복음은 특이하게도 주님께서 안나스 앞에서 재판받으신 내용을 중점적으로 다룬다. 다른 복음서들에서는 안나스가 아니라 카야파와 공회 앞에서 재판받으신 내용을 중점적으로 다루며, 주님께서 카야파보다 안나스에게 먼저 재판을 받으셨다는 내용은 아예 나오지 않는다.

안나스가 주님께 그분의 제자들과 교리들에 대해 심문하자, 주님께서는 자신이 세상에 드러나게 말씀하셨고, 비밀리에 하지 않으셨는데 어째서 자신에게 묻느냐고 응수하셨다. "비밀리에" 주님을 끌고 오기 위해 어둠을 틈타 움직였던 그들을 향한 통쾌한 일침이었다. 그들은 어떤 점에 있어서도 떳떳하지 못했다. 제대로 된 명분 없이 주님을 체포하는 것이 혹 역풍이 일까 두려워 그들은 밤에 움직였다. 산헤드린은 야간에 공회를 열지 않는다는 원칙도 깼다. 정확한 혐의조차 없었고, 일관성 있게 진술하는 둘 이상의 증인도 확보하지 못했으며(신 19:15, 막 14:55-59), 따라서 "체포 영장"도 정당하지 못했다. 율법이 없는 이방인들조차 죄목도 표시하지 않은 채로 어떤 사람을 죄수 취급하는 것이 도리에 어긋난다는 것을 안다(행 25:27). 그런데 하나님의 대제사장이라는 사람이 죄목도 없이 무고한 사람을 끌고 와서는, 오히려 네 죄가 무엇이냐고 질문

했다. 이런 어처구니없는 상황 속에서도 주님께서는 침착하게 두 번이나 "정답"을 내놓으셨다(요 18:20,21,23). 『**지혜와 영으로 말하는**』(행 6:10) 주님을 도저히 당해낼 수 없었던 한 사람은 폭력으로 대응했고(요 18:22), 나머지 한 사람은 그 상황에서 도망쳐 버렸다(요 18:24).

베드로가 주님을 부인하다

『시몬 베드로가 서서 불을 쬐고 있는데 그때 사람들이 그에게 말하기를 "너도 그 사람의 제자들 가운데 하나가 아니냐?"고 하니, 그가 부인하며 말하기를 "나는 아니라."고 하더라. 대제사장의 종 가운데 하나는 베드로가 귀를 잘랐던 자의 친척이라. 그가 말하기를 "내가 그와 함께 동산에 있는 너를 보지 아니하였느냐?"고 하니라. 그러자 베드로가 다시 부인하니 즉시 닭이 울더라』(18:25-27).

베드로는 자신의 충정을 거절하신 주님께 화가 단단히 난 상태였음에도 그 일의 결말을 보고자 멀찍이 주님을 따라갔다(마 26:58). 주님을 향한 쓴 뿌리를 가진 채 그분을 멀찍이 따라가며, 세상 사람들이 피워 놓은 불을 함께 쬐려 했던 베드로와 같은 성도가 오늘날에는 너무나도 많다. 그들은 어떤 성도에게, 혹은 지역 교회 전체에게, 혹은 모든 상황을 주관하시는 주님께 마음이 상한 까닭에 멀찍이 떨어져서 신앙생활을 하려고 든다. 기대가 없으면 실망도 없다는 말을 되뇌이면서, 주님과 주변의 성도들에게 어떤 기대도 하지 않고 어떤 열정도 품지 않는다. 아예 세상으로 가버릴 용기는 또 없어서, 어떻게든 주님과 세상 사이의 어딘가에 머물고자 한다. 그러나 그런 성도를 세상은 가만히 놔두지 않는다. 세상은 성도에게 반드시 "입장 표명"을 요구한다. 베드로 또한 문지기 소녀에 의해(요 18:17), 또 다른 한 여종에 의해(막 14:69), 그리고 칼을 휘두르는 베드로를 목격했던 말코의 친척에 의해(요 18:26) 분명한 입장을 표명할 것을 요구받았다. 그 안의 쓴 뿌리를 해결하지 못했던 베드로는 결국 저주와 맹세의 독을 입에 품어버리고 말았다(막 14:71). 물론, 이렇게까지 극단적인 상황에 이르는 경우는 흔치 않을 것이다. 그러나 어차피 영적전쟁에 있어 중립지대는 없다는 점만큼은 어느 상황에서나 같다. 어차피 진영을 선택해야 하는 것이다. 따라서 세상으로 아예 가 버릴 것이 아니거든, 주님을 적극적으로 시인하고 그분의 뜻에 철저히 복종하는 것이 상책이다. 때로 잘 이해가 되지 않거나 화가 나는 일이 있다고 해도 말이다. 그래야 나중에 우리의 편협한 식견을 아득히 초월하는 주님의 생각을 깨닫고 나서 후회의 눈물을 흘리는 일을 면할 수 있다.

주님께서 빌라도 앞으로 끌려가시다

『그후 그들은 예수를 카야파에게서 재판정으로 끌고 가니 때가 새벽이더라. 그 사람들이 재판정 안으로 들어가지 않은 것은 자기들이 더럽혀지지 않아야 유월절 양을 먹을 수 있기 때문이더라. 그때에 빌라도가 그들에게 나와서 말하기를 "너희가 무슨 일로 이 사람을 고소하느냐?" 고 하니』(18:28,29)

주님을 정죄한 무리들은 위선자들이었다. 그들은 "절차적 정당성"을 철저히 무시한 채로 주님을 끌고 다녔음에도 불구하고, 자기들이 "더럽혀지지 않는 것"에 신경을 쓰고 있었다. 또한 그들은 이미 몇 번 돌을 던져 주님을 죽이려고 했던 적이 있었음에도 불구하고(요 8:59; 10:31) 자신들이 누군가를 죽일 수는 없다고 뻔뻔스럽게 거짓말했다. 이로부터 얼마 지나지 않아 그들은 자신들이 거짓말했음을 입증하고 만다(행 7:57-60). 이처럼 그들은 겉으로 드러나는 의식과 종교 행위에만 관심이 있었고, 주 하나님 앞에서 올바른 마음을 가져야 한다는 사실 따위는 잊은 지 오래였다(마 23:23).

빌라도가 유대인들에게 예수님의 혐의가 무엇인지를 물었을 때, 유대인들이 자신들의 의를 내세웠다는 점이 요한복음에는 묘사되어 있다(요 18:30). 즉 "우리처럼 의로운 사람들이 설마 아무 이유 없이 선량한 사람을 잡아왔겠습니까?"라는 것이었다. 이때에 그들이 자신들의 의와 함께 제시했던 혐의점은 혹세무민, 탈세, 그리고 반란이었다(눅 23:2). 이는 또 다른 위선이었다. 그들은 자신들의 재판정에서는 주님을 "신성 모독"의 죄로 걸어서 사형 판결을 내렸으면서도(막 14:64), 빌라도의 재판정에서는 다른 죄들을 걸어 고소했다. 실상은 종교재판으로 형을 결정해 놓았으면서도 빌라도에게 가서 정치범으로 처벌해 달라는 요구를 했던 데에는 "우리가 죽이기는 부담스러우니, 네가 죽여라."라는 더러운 속셈이 깔려 있었음이 분명하다.

여기에서 흥미로운 점은, 하나님께서 그들의 위선까지도 사용하셔서 성경을 이루셨다는 점이다(요 18:32). 메시아는 분노한 유대인들에게 돌에 맞아 죽으면 안 되었다. 유월절 양은 뼈를 꺾지 못하게 되어 있었고(민 9:12), 메시아의 모든 뼈는 간수되어야 했기 때문이다(시 34:20). 인류를 대신하여 죄와 저주가 되실 구주께서는 나무에 달려[신 21:22,23(갈 3:13 참조), 창 22:7,8] 들려 올려지는(민 21:8, 요 3:14,15) 죽음을 맞이하셔야만 성경을 이루실 수 있었다. 유대인들은 그들이 그토록 시기했던 원수와의 치열한 수 싸움에서 드디어 승리했다는 흥분에 도취되어 있었을 테지만, 주님께서는 그들의 모든 계략까지도 사용하셔서 그분의 계획을 차분히 전개하고 계셨다. 이 대목에서는 이런 말씀을 떠올려 봄 직하다. 『**당신들은 나에 대하여 악을 계획했을지라도 하나님께서는 그것을 선으로 계획하시어서 오늘과 같이 많은 백성을 살도록 구원하시려 하셨으니**』(창 50:20).

진리이신 분을 뵙고도 진리를 깨닫지 못하다

『빌라도가 주께 말하기를 "진리가 무엇이냐?"고 하더라』(18:38).

유대인들의 성화에 못이긴 빌라도는 "네가 유대인의 왕이냐?"는 질문으로 주님을 심문하기 시작했다. 주님께서는 아주 예리한 반문을 던지셨다. 『**예수께서 그에게 대답하시기를 "그 말이 네 스스로 하는 말이냐, 아니면 다른 사람들이 나에 관하여 너에게 해준 말이냐?"라고 하시더라**』(요 18:34). 사람 속에 무엇이 들어 있는지를 아시는(요 2:25) 주님께서는 빌라도 스스로가 그분을 유대인의 왕이라고 생각하는지 아닌지를 몰라서 질문하신 것이 아니었을 것이다. 오히려 이 질문에 대해 스스로 숙고해 보라는 권면이라고 보는 것이 타당하다고 하겠다. 이는 사람의 인생에 있어 가장 핵심적인 질문이기 때문이다. 어떤 사람들은 예수님이 누구시냐는 질문을 들으면 "인류의 구세주시다"라고 앵무새처럼 답할 줄은 알지만, "그 말이 네 스스로 하는 말이냐, 아니면 다른 사람들이 나에 관하여 너에게 해준 말이냐?"라는 질문을 들으면 꿀 먹은 벙어리처럼 된다. 소위 "모태 신앙"으로 자라나 귀가 닳도록 십자가 사건에 대해서 들었음에도, 정작 예수님과 개인적인 관계를 형성해 본 적이 없기 때문이다. 그래서는 "단군 신화"나 "그리스 로마 신화"를 아는 것과 별반 다를 바가 없다. "스토리"를 알 뿐, 믿음을 가지고 붙잡아 본 적이 없는 것이다. 그런 사람은 구원조차 받지 못한 것이며, 당연히 진리의 지식에 이를 수도 없다.

스스로 자문해 보라. 예수 그리스도께서 "나의" 구주이시며, "나의" 하나님이시요, "나의" 왕이신지 말이다. 만일 그러지 못했다면, 지금이라도 그렇게 하겠다고 하나님께 말씀드리라. 그러면 구원을 받아(롬 10:9,10) 진리의 영(요

16:13,14)의 인도를 받을 수 있다.

주님께서는 왕이시지만, 초림 당시에 지상에 왕국을 세우러 오신 것은 아니었다. 다만 왕국이 임박했다는 메시지와, 그 왕국에 들어가도록 회개해야 한다는 메시지를 전파하셨을 뿐이었다(마 4:17). 만일 지상에 왕국을 세우러 오셨다면, 주님께서는 의로 심판하고 싸우셔서 모든 대적들을 쓸어버리셨을 것이다(계 19:11-16). 그러나 주님께서는 초림의 목적을 이렇게 설명하신다. 『**이는 내가 세상을 심판하러 온 것이 아니고 세상을 구원하러 왔기 때문이라**』(요 12:47). 그래서 주님께서는 나의 왕국이 여기에 속한 것이 아니라고 진술하셨던 것이다.

그러나 여기에는 주의해서 살펴야 할 단서가 하나 붙어 있는데, "지금은" 이라는 표현이 바로 그것이다(요 18:36). 주님께서는 빌라도에게 지금은 때가 이르지 않았지만, 앞으로는 반드시 이 땅에 그분께 속한 왕국이 수립될 것임을 암시하셨던 것이다. 예수 그리스도께서 이 땅에서 물리적으로 통치하실 것이라는 사실을 받아들일 수 없었던 "왕국 건설자"들은, 이러한 주님의 진술에서 "지금은"이라는 단어를 삭제하거나 변개해 버렸다. 〈개역한글판〉 또한 그런 비뚤어진 생각을 가진 자들이 손을 댄 흔적이 역력한데, "지금은"이라는 단어가 "이제"라고 변개되어 있기 때문이다. "삼류" 성서인 개역한글판의 "이제"라는 표현은 교리적인 면을 차치하고서라도 논리적으로도 말이 되지 않는다. "이제" 왕국이 여기에 속한 것이 아니라고 주님께서 말씀하셨다면, 여태까지는 땅에 속한 왕국이 있었다는 말이 되어 버리기 때문이다. 그러나 눈을 씻고 찾아봐도 주님께서 지상의 왕좌에 앉아서 통치하셨다는 기록은 사복음서에서 찾아볼 수가 없다. 성경적 교리는 "지금은" 땅에 속한 주님의 왕국이 땅에 속하지 않았다는 것이다. 장차 대환란 때에 온 세상이 배교와 타락으로 물들어 구제불능의 상태에 이르고 나면, 주 예수님께서는 다시 오셔서 그분을 거부한 모든 죄인들을 쓸어버리시고 지상에 왕국을 수립하실 것이다.

진리 그 자체이신 주님께서는(요 14:6) 이 몇 마디 대화에서 이토록 심도 있는 진리를 말씀하셨지만, 빌라도는 관심이 없었다. 빌라도는 "진리가 무엇이냐?"는 질문의 답도 듣지 않은 채로 유대인들에게로 나갔다. 주님께서 진리에 대해 말씀하시자, "진리? 그게 뭔데?"라는 식의 반응을 보였던 것이었다. 만일 빌라도가 조금이라도 진지했다면, 최소한 주님의 입에서 돌아오는 답변을 기다렸다면 역사는 다르게 흘러갔을지도 모른다. 그러나 빌라도는 진리가 무엇인지보다 사람들이 무슨 말을 듣고 싶어 하는지에 훨씬 더 관심이 있었다. 유대교의 종교 지도자들도, 백성들도 마찬가지였다. 진리를 미워하고 믿고 싶지 않은 사람들에게(요 8:45,46), 진리이신 주님께서는 강도나 살인자보다 못한 분일 뿐이었다.

아무런 잘못도 찾지 못했지만 형을 선고하다

『그때 빌라도가 다시 나와서 그들에게 말하기를 "보라, 내가 그 사람을 너희에게 데려왔노라. 이는 내가 그에게서 아무런 잘못도 찾지 못하였음을 너희로 알게 하려는 것이라."고 하더라』(19:4).

빌라도는 주님께 죄가 없다는 사실을 세 차례나 선언했고(요 18:38; 19:4,6), 그분이 "의롭다"고 말하기까지 했다(마 27:24). 빌라도는 유대인들이 종교적 시기심으로 인하여 주님을 넘겨준 것을 알고 있었다(마 27:18). 빌라도는 주님을 끌고 온 자들이 들먹이고 있는 정치적 혐의는 핑계일 뿐이며, 사실은 기득권을 상실하는 것이 두려워서(요 12:19) 로마의 손을 빌려 "정적"을 제거하려 드는 것임을 알고 있었다. 이러한 술수에 말려들고 싶지 않았던 빌라도는 처음부터 손을 빼려고 했었다(요 18:31). 유대인들은 재판이 진행됨에 따라, 아예 이 속내를 드러내 버렸다. 『**유대인들이 그에게 대답하기를 "우리에게는 율법이 있는데 우리의 율법에 따르면 그는 마땅히 죽어야 하나이다. 이는 그가 자신을 하나님의 아들이라고 했기 때문이니이다."라고 하더라**』(요 19:7).

빌라도는 주님을 놓아주겠다고 결심했다(행 3:13). 빌라도는 바보가 아니었기 때문에, 여러 가지 정황을 통해(요 19:7-11, 마 27:19) 자기 앞에 끌려온 이 죄수가 정말로 하나님의 아들일지도 모른다는 계산을 충분히 해낼 수 있었다. 그럼에도 그는 결국 주님께서 채찍질당하고 조롱당하시도록 했으며, 결국 십자가형을 선고했다. 빌라도는 자신에게 주님을 놓아주거나 처벌할 권세가 있다고 주장했지만, 이는 사실이 아니었다. 왜냐하면 그는 자신이 원하는 대로 판결을 내리지 못했기 때문이다. 빌라도에게는 치명적인 약점이 있었다. 바로 그가 사람을 두려워하는 "포퓰리스트"라는 것이었다. 빌라도는 "무엇이 옳은가?"하는 양심의 소리를 따를 줄 아는 사람이 아니었다. 그는 백성들에게 "무엇을 바라는가?" 하고 묻는 사람이었다. 이 점을 잘 알고 있었던 유대인 종교 지도자들은 무리를 선동하여 빌라도를 외통수로 몰아갔다(마 27:20-22). 『**사람을 두려워하면 덫에 걸리나, 주를 신뢰하는 자는 누구나 안전하리라**』(잠 29:25).

"카이사 외에는 우리에게 왕이 없나이다."

『그들이 소리지르기를 "처단하소서. 처단하소서. 그를 십자가에 못박으소서."라고 하더라. 빌라도가 그들에게 말하기를 "너희의 왕을 내가 십자가에 못박으랴?"고 하니 선임 제사장들이 대답하기를 "카이사 외에는 우리에게 왕이 없나이다."라고 하더라』(19:15).

유대인들이 빌라도를 압박하기 위해 꺼내든 마지막 카드는 바로 "카이사"였다. 『**이때부터 빌라도는 주를 놓아주려고 애쓰나 유대인들이 소리질러 말하기를 "당신이 이 사람을 놓아주면 당신은 카이사의 친구가 아니니이다. 자신을 왕이라고 하는 자는 누구나 카이사를 대적하여 말하는 것이니이다."라고 하니라**』(요 19:12). 빌라도는 유대의 총독이었기 때문에, 얼마 전에 유대인들이 한 청년을 왕이라고 칭송하는 사건이 일어났다는 사실(요 12:12-15)에 대해 분명 보고를 받았을 것이다. 그러나 빌라도가 볼 때 그것은 공권력이 개입할 문제까지는 아니었다. 만일 문제가 있다고 판단했다면 진작 군대를 보내어 그를 체포해오라고 했을 터였다. 그가 보기에 그 일은 그저 "종교행사" 정도에 지나지 않았다. 그러나 유대인들은 "왕"이라는 단어를 가지고 "반역"이라는 프레임을 씌워 "여론"을 형성했다. 상황이 이렇게 되자, 빌라도의 마음속에는 잘못했다가는 카이사를 대적한 반동분자를 놓아준 모양새가 될지도 모르겠다는 두려움이 엄습할 수밖에 없었다. 상부에 보고가 그런 식으로 올라가면 자신까지도 위태로워질지 모를 일이었다.

"카이사의 친구가 되려면 자신을 왕이라고 주장하는 예수를 죽여야 한다!"는 유대인들의 정치 공작적 외침에 굴복한 빌라도는 결국 재판석에 앉는다(요 19:13). 유대의 종교 지도자들에게 본래 카이사라는 왕을 인정하는 것은 부끄러운 일이 되어야 했을 터였다. 유대인들의 왕은 당연히 유대인이어야 했기 때문이다(신 17:15). 그러나 그들은 이런 일에 대해 아예 분별력을 상실한 지 오래였다(요 8:33). 그들은 그저 혼자 깨끗한 체하며 자신들의 양심을 후벼 파고 백성들의 인기를 빼앗아가던 자신들의 정적 예수가, 채찍에 맞아 피를 흘리는 모습을 보면서 흥분해서 외쳤다. "처단하소서. 처단하소서. 그를 십자가에 못박으소서." 이는 하나님의 말씀에 따라 어떻게든지 형제들이 죄를 짓지 않게 하려고 책망하며(레 19:17), 신실한 상처를 주고(잠 27:6), 죄와 심판에 대해 역설하는 모든 그리스도인에게 주어지는 십자가이기도 하다. 『**불의한 사람은 의인에게 가증하고, 정직하게 행하는 자는 악인에게 가증하니라**』(잠 29:27).

NOTES

NOTES

제5과

십자가의 고난과 죽음

(19:16-42)

『그때 예수께서 그 식초를 받으시고 말씀하시기를 "다 이루었다."고 하시더니 고개를 떨구시고 숨을 거두시더라』(요 19:30).

십자가에 못 박히신 예수 그리스도

1. 죄인들과 함께 못 박히신 예수 그리스도

『그러므로 그가 주를 십자가에 못박도록 그들에게 넘겨주니 그들이 예수를 맡아서 끌고 가니라. 주께서 자기 십자가를 지고 히브리어로 골고다, 즉 해골의 장소라고 하는 곳으로 가시니라. 거기서 그들이 주를 십자가에 못박더라. 그리고 주와 함께 다른 두 사람도 이쪽과 저쪽에 못박고 예수를 중간에 두니라』(16-18절).

빌라도는 위에서 주신 권세가 아니라면 예수님을 대적할 아무런 권세도 없을뿐더러, 자신에게 예수 그리스도를 넘겨준 자는 더 큰 죄를 지은 것이라는 말에 가슴이 철렁 내려앉아, 그때부터 주님을 놓아주려고 애쓰기 시작했다(11,12절). 그래서 유대인들에게 『**너희의 왕을 보라**』(14절), 그런데도 『**너희의 왕을 내가 십자가에 못박으랴?**』(15절), "이런 어처구니없는 일을 선임 제사장들이라는 작자들이 정말 하려는 것이냐!"며 그들에게 되물은 것이다. 사실상 빌라도는 예수님에게서 아무런 잘못도 발견하지 못했다는 것을 그들에게 "세 번"이나 말했고(눅 23:4,14,22), 그들의 고소 또한 선임 제사장들의 시기에서 비롯된 것임을 알았다(마 27:18, 요 19:4). 하지만 제사장들은 이에 아랑곳하지 않고, 예수님을 처형하라며 강력하게 요구했다(막 15:9-14). 심지어 그들은 빌라도를 향해 『**카이사 외에는 우리에게 왕이 없나이다**』(15절)라며 "만일 예수를 풀어 주면 당신은 반역자가 된다."는 무언의 압력까지 행사했다.

이제 빌라도가 할 수 있는 일은 아무것도 없다. 백성과 선임 제사장들의 목소리가 하도 우세한지라, 그들의 요구대로 주님을 십자가에 못 박도록 넘겨주고 만다(눅 23:23-25). 하지만 이마저도 민주주의의 다수결 원칙이나 다수의 힘에 의한 것이 아니라, 하나님의 뜻에 따라 온전히 이루어진 일이다.

2. 『유대인의 왕 나사렛 예수』

『또 빌라도가 명패를 써서 십자가 위에 붙였으니 '**유대인의 왕 나사렛 예수**'라고 쓰여 있더라. 그때에 많은 유대인들이 이 명패를 읽었으니 이는 예수께서 못박히신 곳이 성읍에서 가까움이라. 그것은 히브리어와 헬라어와 라틴어로 쓰여 있더라. 그때 유대인의 선임 제사장들이 빌라도에게 말하기를 "'유대인의 왕.'이라고 쓰지 말고 '자칭 유대인의 왕.'이라 쓰소서."라고 하니라. 빌라도가 대답하기를 "나는 내가 써야 할 것을 썼노라."고 하더라』(19-22절).

빌라도는 지금 십자가 위에 『**유대인의 왕 나사렛 예수**』라고 쓴 명패를 붙였다. 마가복음 15:26에서 이 명패는 예수님의 『**죄명을 쓴 명패**』인데, 그것에 『**유대인의 왕**』이라 쓴 것이다. 본문 20절에서는 이 명패가 『**히브리어**('셈')와 **헬라어**('야펫')와 **라틴어**('함')』로 쓰여 있다고 기록한다. 다시 말해 이 역사적인 일을 이스라엘과 로마는 물론이요, 세계만방에 공표하도록 한 것이다.

더군다나 로마의 입장에서는 유대인의 왕을 죽이는 일에 한 톨의 책임도 질 필요가 없게 되었고, 결국에는 이스라엘이 영원히 로마에 귀속되도록 이스라엘의 대제사장들과 백성이 승인한 꼴이 되었다. 사실상 유대인의 대제사장들은 자신의 "왕"을 포기하고 카이사를 택했다. 그리고 예수님을 처단하는 가운데 그 피를 자신들에게 돌리는 데까지 동의함으로써 이스라엘은 예수 그리스도의 재림 때까지 하나님과 관계가 단절되고 말았다.

사실 그들은 하나님께서 세우신 "대제사장들"도 아니며, 하나님을 섬기는 자들도 아니다. 오히려 그들은 자기들의 배를 섬기는 삯꾼들이다. 따라서 그들은 자칭 유대인의 제사장들로서 유대인들이 세웠고, 그러기에 유대인들을 두려워한 것이다. 그러므로 그들은 "국민의, 국민에 의한, 국민을 위한" 제사장들일 뿐, "하나님의, 하나님에 의한, 하나님을 위한" 제사장들은 결코 아니었다. 결론적으로 그들은 하나님과는 아무런 상관이 없는 자들로 "자칭" 『**유대인의 선임 제사장들**』(21절)이다. 로마 병사들은 주님께 자주색 옷을 입히고, 가시로 관을 엮어 머리에 씌우며 "유대인의 왕, 만세"라며 갈대로 머리를 치고, 침을 뱉으며, 무릎을 꿇고 경배하며 조롱했다.

그런데 선임 제사장이라는 작자들은 한술 더 떠 『**자칭 유대인의 왕**』이라고 쓸 것을 요구한다. 그들은 유대인의 왕이요, 만왕의 왕이신 주님을 "자칭 유대인의 왕"으로 폄하시키려고 애를 쓰지만, 빌라도는 이를 단칼에 거절하고 만다. 왜냐하면 "카이사 외에는 우리에게 왕이 없다"고 주장하며, 동시에 자기들의 왕을 십자가에 못 박으라고 외치는 유대인들을 대표하는 대제사장들의 모습이 그의 태도를 달라지게 한 것이다. 그래서 빌라도는 『**나는 내가 써야 할 것을 썼노라.**』(22절)라고 단호히 말한 것이다.

3. 주님의 옷을 제비뽑는 병사들

『그때 병사들이 예수를 십자가에 못박고 나서 주의 겉옷을 들고 네 조각으로 나누어 각자 한 조각씩 가지며, 또한 주의 속옷도 가지니, 그 속옷은 잇지 않고 위로부터 통으로 짠 것이라. 그러므로 그들이 서로 말하기를 "그것을 찢지 말고 누가 가질 것인지 제비를 뽑자." 하니 이는 '그들이 자기들끼리 내 옷을 나누고 내 속옷도 제비를 뽑나이다.'라고 말한 성경을 이루려 함이라. 그러므로 그 병사들이 이런 일들을 하더라』(23,24절).

이제 병사들은 예수님을 십자가에 못 박고 나서 주님의 겉옷과 속옷을 가지고 제비를 뽑는데, 이것은 성경에 이미 예언된 일이다. 『**그들이 그들 가운데서 내 겉옷을 나누고 내 속옷을 제비뽑나이다**』(시 22:18). 이후 이들은 서기관들과 더불어 주님을 향해 『**이스라엘의 왕 그리스도여, 십자가에서 지금 내려와 보라**』며 조롱했고, 십자가에 함께 달린 두 강도까지도 합세하여 주님을 욕했다(막 15:32). 하지만 잠시 후 다른 한 강도는 자신의 죄를 깨달아 주님과 함께 낙원에 있을 것을 보장받는데, 『**그때가 제육시경**』(눅 23:44)이었다. 다시 말해 그 강도는 십자가에 달린 지 "세 시간"이 지나지 않아 구원받은 것이다.

예수께서 입으신 옷은 "겉옷" 하나와 『**통으로 짠**』 "속옷"이었다. 로마 병사들이 이 겉옷을 "네 조각"으로 나누었고, 결국 모두 "다섯" 조각을 놓고 제비를 뽑은 것이다. 성경에서 "다섯"은 늘 죽음과 관련되어 있는데, 그들은 주님을 십자가에서 양손과 양발 "네 곳"에 못을 박았으며, 머리에는 가시관을 씌웠다.

예수님께서 입으신 속옷은 마치 판초(poncho)와 같은 모양으로 우주의 모양을 묘사하고 있다. 즉 머리이신 예수 그리스도를 통해서만 셋째 하늘로 갈 수 있는 우주의 모양을 나타내고 있다. 또한 성경에서는 우주를 "옷"에 비유하고 있음을 알 수 있다. 『**주여, 주께서 태초에 땅의 기초를 놓으셨고 하늘들도 주의 손으로 만드신 작품이니이다. 그것들은 멸망할 터이나 주께서는 영존하시오니 그것들은 모두 겉옷처럼 낡아지리이다. 주께서 그것들을 옷처럼 말아 버리시리니, 그리하면 그것들은 바뀌질 것이나 주는 동일하시며, 주의 연대는 끝이 없으리이다." 하셨도다**』(히 1:10-12).

■ 새롭게 깨달았거나 적용할 내용이 있다면 적어 보세요. ■

다 이루신 "예수 그리스도"와 그의 증인들

1. 십자가에 나타난 하나님의 지혜와 능력(25-30절)

『이 일 후에 예수께서는 이제 모든 일이 이루어진 것을 아시고 말씀하시기를 "목마르다."고 하시니 이는 성경이 이루어지게 함이라』(28절).

주님의 십자가 곁에는 세 명의 "마리아"가 서 있는데(25절), 이 세 여인은 "주께서 사랑하시는 제자"인 요한과 함께 있다. 이들 외에도 『**세베대의 자녀들의 어머니**』(마 27:56) 곧, 요한의 어머니도 함께했으며, 그들은 주님을 십자가에 처형하라고 외치던 유대인들을 두려워하지 않았기에, 베드로처럼 주님과 멀찍이 떨어져 있지 않았다(눅 22:54).

이 일 후에, 십자가에 달리신 주님은 『**목마르다**』(28절)고 말씀하신다. 이렇게 말씀하신 것은 "과다출혈에 의한 갈증"에 의한 것이 아니다. 주님은 모든 일이 이루어진 것을 아셨고, 또한 시편 69:21에 예언된 성경 말씀을 이루시려고 그렇게 말씀하신 것이다. 즉 『**그들이 또 쓸개즙을 나의 음식물로 내게 주었으며 내 갈증에 나로 식초를 마시도록 주었나이다.**』(시 69:21)라는 예언은 본문 29절에서 성취되었고, 그 식초를 받으신 주님께서 『**다 이루었다**』(30절)고 말씀하신 것이다.

이렇듯 예수 그리스도께서는 하나님의 뜻을 이루기 위해 이 땅에 오셨는데, 그 모든 일이 이루어진 것을 십자가에 달리신 채 확인하셨고, 마침내 남김없이 다 이루신 것이다. 예수 그리스도께서는 율법이 요구하는 모든 것을 충족시키셨고, 선지자들에 의해 예언된 모든 사역을 이루신 것이다. 이 위대한 구속 사역을 위해 하나님께서는 그의 "독생자"를 십자가에 내어놓으셨는데, 실로 엄청난 대가를 치르신 것이다.

한 알의 밀이 땅에 떨어져 죽어야 하듯(요 12:24), 십자가에서 목마르신 그분으로 인해 우리는 영원히 목마르지 않게 되었다(요 4:14). 또한 『**그가 맞은 채찍으로 우리가 치유**』된 것이다(사 53:5). 십자가에 손과 발이 못 박힌 상태로 예수께서는 "다 이루었다"고 말씀하신다. 이것은 거듭나지 않은 죄인들의 머리로는 도무지 이해되지 않는 일이다. 하나님의 능력과 지혜는 이처럼 인간의 지혜로는 결코 이해할 수 없다. 『**오 깊도다, 하나님의 지혜와 지식의 부요함이여! 그분의 심판을 어찌 헤아리며 그분의 지나간 길을 어찌 찾아내리요?**』(롬 11:33). 그래서 주님은 『**복음 전파의 어리석음**』(고전 1:21)으로 하나님의 위대하신 능력과 감춰진 놀라운 지혜를 알게 하신 것이다.

"물"이 아닌 "식초"를 받으신 예수 그리스도

목마르신 주님이 원한 것은 "식초"가 아니라 "물"이다. 그런데도 그들이 식초를 해면에 적셔다 드린 것은 우연이 아니다. 주님은 지상 생애에서 딱 두 번 물을 요구하셨지만, 두 번 다 물을 얻지 못하셨다(요 4:7, 19:28). 이렇듯 "유월절 양"으로 드려지신 예수님께 물이 아닌 식초가 주어진 것은 유월절 양은 절대 물에 넣어서는 안 되는 율례를 이루기 위함이다. 『**또 그들은 그날 밤에 그 고기를 먹을지니 불에 구워서 누룩 없는 빵과 쓴 나물을 함께 먹을지니라. 날것으로 먹거나 절대 물에 삶아서 먹지도 말고 불에 구울지니 머리와 다리와 그 내장이니라**』(출 12:8,9). 또한 주님께서 "목마르다"고 하신 것은 죄와 지옥의 심판에 대한 그림을 보여준다(눅 16:24). 마태복음 27:34에서 주께서 십자가에 달리기 전에 사람들이 "쓸개즙을 탄 식초"(몰약을 탄 포도주, 막 15:23)를 드렸으나 맛보시고 거절하셨다고 기록하고 있다.

따라서 주님은 십자가에 달리 신 후 마지막 숨을 거두시기 전에는 보통의 식초만을 받으신 것이다(눅 7:34, cf. 신 21:20). 이처럼 성경을 이루시려는 주님의 사역에 대항해서 사탄은 끊임없이 이를 폐기하려 했다.

2. "유월절 예비일"에 돌아가신 예수 그리스도

『그러므로 그 날이 예비일인 까닭에 유대인들이 그 시체들을 안식일에 십자가 위에 남겨 놓지 않으려고 (이는 그 안식일은 큰 날임이라.) 빌라도에게 요청하기를 "그들의 다리를 꺾어서 치우게 해주소서."라고 하더라』(31절).

유월절은 첫째 달 14일에 지켜지는 특별한 안식일로 꼭 토요일이 아닌 날이 될 수도 있는데, 본문의 안식일이 바로 그런 날이다. 그래서 어떤 때는 안식일이 한 주에 두 번 있을 수 있다. 이러한 상황을 염두에 두신 성령께서는 자상하게도 그런 "안식일"에 대해 『**큰 날**』이라는 설명을 덧붙이고 있다(31절).

본문은 예수 그리스도께서 숨을 거두신 『**그 날**』을 유월절 『**예비일**』이라고 말씀하시는데, 마태복음 27:62에서는 예수께서 숨을 거두신 "그날"을 기준으로 『**그 이튿날**[the next day]**은 예비일 다음 날**』이라고 말씀한다. 또한 누가복음 23:54에서도 그 예비일 다음 날이 안식일이라고 말씀한다. 하지만 그 "예비일"을 "보통의 안식일인 토요일" 전날인 "금요일"로 오해한 나머지, 예수께서 숨을 거두신 날은 금요일이라는 황당한 주장을 내놓는 자들마저 생겨났다.

그러므로 "유월절 어린양의 마지막 한 주간"을 시간적 순서로 정리해 보면, 다음 그림과 같다.

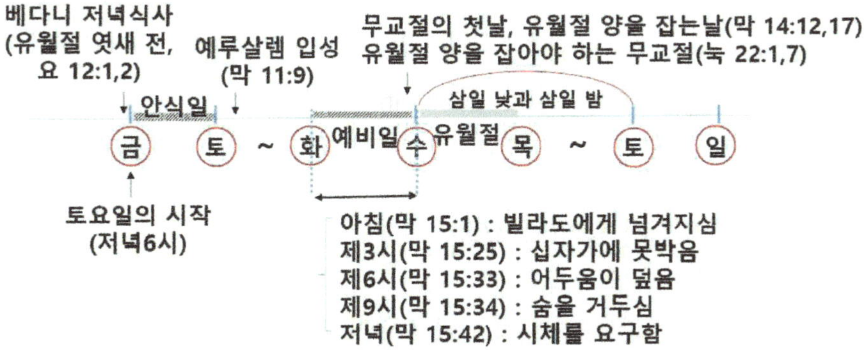

예수 그리스도께서 숨을 거두신 날은 수요일 곧, "유월절 예비일"이며, 다음 날인 목요일은 『**큰 날**』이라 불리는 "특별한 안식일"이었기에, 숨을 거두시던 수요일 저녁 6시 이전에는 그들의 율례에 따라 시체를 치워야만 했다. 이후 주님은 사흘 낮과 사흘 밤을 땅의 심장 속에서 지내시고(마 12:40), 토요일 저녁 6시경 부활하셨다. 즉 일요일이 시작되는 날인 『**그 주의 첫날**』에 부활하신 것이다. 따라서 마태복음 28:1과 마가복음 16:1의 안식일은 『**큰 날**』이라 불리는 "특별한 안식일"과 달리 보통의 안식일이라는 점도 유의해야 한다.

"예비일"에 일어난 범죄 알리바이(Alibi)?

선임 제사장들이 예수 그리스도를 결박해서 빌라도에게 넘긴 것은 예비일 『**아침**』이었고(막 15:1, 마 27:1), 주님을 십자가에 못 박은 시간은 『**제삼시**』이다(막 15:25). 이후 『**제육시**』에서 『**제구시**』까지 어두움이 온 땅을 덮었는데(막 15:33, 마 27:45, 눅 23:44), 주님은 『**제구시**』에 큰 음성으로 소리를 지르며 숨을 거두셨다(막 15:34-37, 마 27:46-50). 그리고 아리마대 요셉이 『**저녁**』이 되었을 때 빌라도에게 와서 주님의 시신을 요청했다.

이처럼 피조물이 창조주를 십자가에 못 박아 죽인 것은 안식일 전날인 "예비일"에 일어난 희대의 살인사건으로(요 19:31), 그것도 하나님을 섬긴다는 자들에 의해 자행되었다(요 16:2).

3. 사도 요한의 참된 증거(32-37절)

『그리하여 이것을 본 사람이 증거하나니 그의 증거는 참되도다. 그 사람은 자기가 진실을 말한다는 것을 아느니라. 이는 너희로 믿게 하려는 것이라』(35절).

병사들은 십자가에 못 박힌 두 강도의 다리를 꺾는다(32절). 이는 그들이 아직 숨이 붙어 있었기 때문이다. 본문 33절에서 그 병사들은 예수께 이르러서는 다리를 꺾지 않았는데, 30절에서 증거하고 있듯이 예수께서 이미 죽은 것을 보았기 때문이다. 그래서 그 병사 중 하나가 창으로 주의 옆구리를 찔러 "확인 사살"을 한 것이고, 이 또한 36절에서 밝히고 있듯이 성경을 이루기 위함이었다. **『주께서 그의 모든 뼈를 간수하사, 그 중에 하나도 부러지지 않게 하시는도다』**(시 34:20). 그런데도 유대인들은 출애굽기 12:46와 민수기 9:12에서 주어진 유월절의 율례를 십자가 사건 당일까지 지켜오면서도 그것이 무엇을 의미하는지 전혀 알지 못했다. 반면 본문 37절에서는, **『그들이 찔렀던 나를 쳐다볼 것이며』**라는 스가랴 12:10의 예언에 대해서 **『이루려 함이라』**고 하지 않고, 단지 **『...고 하였느니라.』**라고만 말씀한다. 이것은 예언되었으나 아직 성취되지 않은 일로, 예수 그리스도의 재림 때 이루어질 것임을 계시하고 있다(cf. 계 1:7).

이 모든 과정을 지켜본 사람은 사도 요한이다. 주님께서 붙잡히시던 밤에 유다 이스카리옷은 주님을 배반했고, 베드로는 주님을 부인했으며, 나머지 제자들은 모두 달아났다. 그러나 **『예수께서 사랑하시던 제자 요한』**(요 21:7)은 예수님의 모친 마리아를 자기 집에 데려다 놓고 다시금 십자가 곁으로 돌아왔다(27절). 그는 주님의 진정한 증인으로 성경을 기록한 저자이기도 하다. 『**이런 일들을 증거하고 또 이런 일들을 기록한 제자가 이 사람이라. 우리는 그의 증거가 참된 줄을 아노라**』(요 21:24).

4. 당당히 자신을 드러내는 또 다른 제자(38-42절)

『이런 일 후에 예수의 제자였으나 유대인들이 두려워서 자신을 숨겨온 아리마대 요셉이 예수의 시체를 가져가겠다고 빌라도에게 간청하니 빌라도가 허락한지라. 그러므로 그가 와서 예수의 시체를 가져가더라』(38절).

아리마대 요셉은 예수께서 죽으셨다는 소식을 듣고서야 모습을 나타낸다. 그래서 본문은 예수의 제자였으나, 유대인을 두려워해 자신을 숨겨왔다고 서술하고 있다(38절). 이렇듯 주님의 제자들 가운데는 베드로처럼 주님을 부인하기도 하고, 아리마대 요셉처럼 유대인을 두려워하기도 했다. 이러한 태도는 하나님보다 사람을 더 두려워했기 때문이다. 성경도 이것에 관해 경고하고 있다. 『**사람을 두려워하면 덫에 걸리나, 주를 신뢰하는 자는 누구나 안전하리라**』(잠 29:25, cf. 렘 17:5). 요셉은 "아리마대" 지역의 『**부자**』(마 27:57)요, 『**존경받는 공회원**』(막 15:43)이며, 또한 『**선하고 의로운 사람**』(눅 23:50)이었다. 한때 유대인들을 두려워해서 자신을 숨겨온 그가 예수님의 시체를 요구하며 빌라도를 찾아온 것은 대단한 변화이다(마 27:57,58).

한편 아리마대 요셉과 함께 온 다른 사람은 『**일찍이 밤에 예수께 왔던**』이라는 수식어가 붙어 다니는 "니코데모"이다(요 3:2; 7:50). 그는 처음에 사람이 두려워서 예수님을 "밤"에 찾아왔지만, 대제사장들과 바리새인들이 주님을 붙잡으려고 음모를 꾸몄을 때, **『우리의 율법이 먼저 당사자로부터 들어 보고 그가 하는 일을 알기도 전에 아무나 심판하는 것이냐?』**(요 7:51)라며 직언했던 담대한 사람이었다. 그런 그가 지금 요셉과 함께 예수님의 장례를 위해 **『밤』**에 예수님의 시신을 요구하러 왔다. 그런데 이것은 또다시 사람들을 두려워해서가 아니라, 주께서 십자가에서 내려진 것이 수요일 저녁 6시 이전이었고, 니코데모가 온 시각은 저녁 7시 이후의 "밤"이었다.

그들은 유대인의 장례 관례대로 향료를 넣고 예수님의 몸을 "세마포"로 칭칭 감았다(40절). 누가복음 23:52-24:1에 상세히 설명하듯 이것은 일종의 "임시 장례"이다. 그날이 안식일이었기에 그들은 한 번도 누인 적이 없는, 바위를 파서 만든 무덤에 주님의 시신을 안치하고, 또 여인들은 무덤과 시체를 확인한 뒤 향료와 향유를 준비만 한 채 계명에 따라 그날은 쉬었다. 그리고 **『그 주의 첫날 아주 이른 아침』**(눅 24:1), 곧 **『안식일이 지난 후... 그 주의 첫날 아주 이른 아침 해가 뜰 무렵』**(막 16:1,2)에 장례를 마무리하기 위해 찾아온 것이다.

성경을 폐기하려는 사탄의 끈질긴 시도

유대인들은 빌라도에게 주님을 **『처단하소서. 처단하소서. 그를 십자가에 못박으소서.』**(15절)라며 부르짖었다. 이러한 요구는 주님을 십자가에 못 박은 이후에도 멈추지 않았는데, 그들은 빌라도가 **『유대인의 왕 나사렛 예수』**(19절)라고 쓴 명패를 가지고 또다시 트집을 잡으며, **『자칭 유대인의 왕』**(21절)이라 쓰라고 억지를 부렸다. 이뿐 아니라 예수께서 이미 죽었음에도, 그들은 안식일을 지키기 위해 십자가에 달린 자들의 **『다리를 꺾어서 치우게 해주소서.』**(31절)라는 요청까지 했다. 이 모든 요구는 주님에 관해 예언된 성경의 말씀들을 폐기하려는 사탄의 불순한 의도에서 나온 것이다. 심지어 그들은 예수께서 성경대로 부활하실 것을 염려(?)한 나머지, 주님의 무덤을 지키고 봉인할 것을 요구했다(마 27:62-66). 이렇듯 예수 그리스도께서는 아버지의 뜻을 이루려고 오셨고, 반대로 사탄은 그 모든 말씀을 무효로 만들고자 안간힘을 쓴 것이다.

■ 새롭게 깨달았거나 적용할 내용이 있다면 적어 보세요. ■

NOTES

제6과
예수 그리스도의 부활
(20,21장)

『천사들이 그녀에게 말하기를 "여인아, 어찌하여 네가 울고 있느냐?"고 하니, 그녀가 그들에게 말하기를 "사람들이 내 주를 가져갔는데 어디에 모셔 두었는지 모르기 때문이니이다."라고 하더라』(20:13).

삼 일 만에 부활하신 예수 그리스도

예수님께서는 갈보리 십자가에 처형되시고 무덤에 묻히신 지 삼 일 만에 부활하셨다. 이 점은 주님께서 재차 삼차 예언하셨던 바이다. 『**그 때로부터 예수께서 자기가 예루살렘에 가야 될 것과, 장로들과 선임 제사장들과 서기관들로부터 많은 고난을 받아야 될 것과 죽임을 당할 것과, 셋째 날에 다시 일으켜질 것을 제자들에게 알려 주기 시작하시더라**』(마 16:21, cf. 마 17:23; 20:19). 주님께서는 부활하신 후에도 제자들에게 이 점을 강조하셨다. 『**또 그들에게 말씀하시기를 "그리스도가 고난을 당하는 것과 죽은 자들로부터 셋째 날에 살아나는 것이 기록되었으며, 또 그렇게 되어야 마땅하니라**』(눅 24:46). 삼 일 낮과 삼 일 밤을 땅의 심장 속에서 보내신(마 12:40) 예수님께서는 드디어 안식일 후 첫날 부활하셨다. 성경은 이때를 가리켜 『**안식일이 끝날 무렵, 그 주의 첫날 새벽이 시작될 때**』(마 28:1)라고 말씀한다. 수요일 오후 해질 무렵에 묻히신 주님께서는 토요일 오후 해질 무렵(오후 6시)에 부활하셨다. 이때가 이방인에게는 토요일 저녁이지만, 유대인에게는 『**안식일이 끝날 무렵**』, 곧 일요일이 시작될 무렵이다.

■ 새롭게 깨달았거나 적용할 내용이 있다면 적어 보세요. ■

빈 무덤을 찾아간 제자들(20:1-10)

『그 주의 첫날 아직도 어두운데 막달라 마리아가 일찍 무덤에 와서 돌이 무덤에서 옮겨진 것을 보고, 그녀가 달려가서 시몬 베드로와 예수께서 사랑하신 다른 제자에게 와서 그들에게 말하기를 "사람들이 주를 무덤에서 가져갔는데 우리는 그들이 어디에다 주를 모셔 두었는지 모르겠노라."고 하니 베드로와 그 다른 제자가 나가서 무덤으로 향하더라』(20:1-3).

1. "빈 무덤" 이후의 사건들

예수님의 빈 무덤을 두고서 일어난 사건들은 사복음서에 혼재되어 있어서 자칫 모순처럼 보일 수 있다. 주님의 부활과 관련된 사건들의 순서를 대략적으로 정리하면 다음과 같다.

1) 여인들이 무덤에 찾아왔다(마 28:1, 막 16:1).

2) 무덤의 돌문이 굴려졌다(마 28:2-4).

3) 여인들이 돌문이 굴려진 무덤이 빈 사실을 발견했다(마 28:5-8, 막 16:2-8, 눅 24:1-8, 요 20:1).

4) 막달라 마리아에게서 빈 무덤 소식을 전해 들은 베드로와 요한이 달려가 빈 무덤을 확인했다(요 20:2-10).

5) 무덤에 돌아온 막달라 마리아에게 나타나셨다(막 16:9-11, 요 20:11-18).

6) 다른 여인들에게 나타나셨다(마 28:9,10).

7) 주님께서 베드로에게 나타나셨다(눅 24:34, 고전 15:5).

8) 엠마오로 가던 두 제자에게 나타나셨다(막 16:12,13, 눅 24:13-32).

9) 도마가 없을 때 열 제자에게 나타나셨다(막 16:14, 눅 24:36-43, 요 20:19-25).

10) 도마가 있을 때 열한 제자에게 나타나셨다(요 20:26-31).

11) 고기를 잡고 있던 일곱 제자에게 나타나셨다(요 21:1-25).

12) 갈릴리의 한 산에서 열한 제자에게 나타나셨다(마 28:16-20).

13) 500여 명의 형제들에게 나타나셨다(고전 15:6).

14) 예수님의 아우인 야고보에게 나타나셨다(고전 15:7).

15) 예루살렘에서 제자들에게 나타나시어 가르치셨다(눅 24:33,36,44-49, 행 1:3-8).

16) 제자들을 축복하시면서 승천하셨다(막 16:19, 눅 24:50,51, 행 1:9-11).

2. 예수 그리스도께서 부활하셨다는 "무오한 증거들"

누가는 데오빌로에게 보내는 글에서 『**예수께서 고난을 당하신 후 자신이 살아 계심을 그들에게 많은 무오한 증거들로 보여 주시고 사십 일 동안 그들에게 보이시며 하나님의 나라에 관한 일들을 말씀하셨노라.**』(행 1:3)라고 했다. 예수님의 부활이 『**많은 무오한 증거들**』로 보여졌다는 것이다. 주님의 부활을 증명하는 논리적 증거들을 정리하면 다음과 같다.

첫째, 예수님의 몸이 무덤에 없었다(마 28:6, 막 16:6, 눅 24:3). 둘째, 주님의 시체가 없어진 사실을 은폐하기 위해 대제사장과 장로들이 경비병들에게 돈을 주었다(마 28:15). **셋째, 부활하신 주님의 몸을 500명이 넘는 사람들이 보았다(고전 15:5-8)**. 넷째, 만약 누군가가 시체를 훔쳐갔다면, 그 훔친 사람은 훔치는 시간만큼 로마 제국의 경비병들에게 최면이라도 걸어야 했을 것이다(마 28:4). **다섯째, 무덤 속에 있던 수건은 한쪽에 개어져 있었다(요 20:5-7)**. 만약 누군가가 시체를 훔쳤다면 왜 수건을 개어 놨겠는가? **여섯째, 예수 그리**

스도의 부활이 "영적인 부활"이었다면 주님께서 먹고 마시셨다는 것을 설명할 수가 없다(눅 24:42,43). 일곱째, 부활하신 주님의 몸은 살과 뼈로 구성되어 있는(눅 24:39) 실제적인 몸이었다. 이 몸을 입으시고 주님은 40일 동안 가르치셨다(행 1:3).

부활하신 주님을 혼자 대면한 막달라 마리아(20:11-18)

『그러나 마리아는 무덤 밖에서 울고 섰더라... 예수께서 그녀에게 말씀하시기를 "마리아야." 하시니, 그녀가 주께 돌아서서 말하기를 "랍보니."라고 하니, 이는 선생님이라고 말하는 것이라. 예수께서 그녀에게 말씀하시기를 "나를 만지지 말라. 내가 아직 나의 아버지께로 올라가지 아니하였노라. 그러나 내 형제들에게 가서 내가 나의 아버지, 곧 너희 아버지, 또 나의 하나님, 곧 너희 하나님께로 올라간다고 말하라." 고 하시니』(20:11,16,17).

베드로와 요한에게 가서 빈 무덤 소식을 전한(요 20:1,2) 막달라 마리아는 무덤에 돌아와 무덤 밖에서 울며 서 있었다(11절). 그녀가 무덤 안의 천사들과 대화한 후 뒤를 돌아보자 예수님께서 서 계셨지만 그녀는 주님을 알아보지 못했다(14절). 예수님께서 주님을 동산지기로 알고 있던 마리아의 이름을 부르시자 그때서야 주님을 알아보았다.

주님께서는 주님을 알아본 마리아에게 『**나를 만지지 말라. 내가 아직 나의 아버지께로 올라가지 아니하였노라.**』(요 20:17)라고 말씀하셨다. 주님께서는 이곳 요한복음 20:17에서는 아직 아버지께 올라가지 않으셨기에 막달라 마리아가 만지는 것을 허락하지 않으셨지만, 마태복음 28:9에서는 여인들이 주님을 만지는 것을 허락하셨다. 『**또 여인들이 제자들에게 말하려고 갈 때에, 보라, 예수께서 그들을 만나서 말씀하시기를 "모두 평안하냐?"라고 하시니 여인들이 나아와 그의 발을 붙잡고 주께 경배하더라**』(마 28:9). 이 점은 주님께서 막달라 마리아와의 만남과 다른 여인들과의 만남 사이에서 셋째 하늘에 다녀오셨음을 보여 준다. 주님께서는 셋째 하늘에 올라가셨다가 내려오셔서 여인들에게 나타나신 것이다.

예수 그리스도께서는 초자연적인 부활의 몸을 입으셨기에 눈 깜짝할 사이에 셋째 하늘에 다녀오셨다! 이것은 사도행전 1:9의 승천을 말하는 것이 아니다. 사도행전 1:9의 승천은 주님께서 부활하신 뒤 셋째 하늘의 영광으로 들어가셨다가 지상에 다시 내려오셔서 40일 동안 활동하신 뒤의 승천을 의미하기 때문이다.

속죄 사역의 완성

부활하신 예수님께서 셋째 하늘 지성소에 다녀오신 일은 인류의 구원을 위한 대제사장으로서의 속죄 사역을 완성하셨다는 것을 보여 준다. 『**둘째 성막은 대제사장이 일 년에 한 번 혼자 들어가되 피 없이는 들어가지 아니했으니, 이 피는 자기 자신과 백성들의 잘못들을 위해서 드렸던 것이라**』(히 9:7). 구약의 대제사장은 짐승의 피를 가지고 일 년에 한 번 지성소로 들어간 반면, 대제사장들의 원형이신 예수 그리스도께서는 지상에 있는 성막의 원형인 하늘 자체에 자신의 피를 가지고 들어가심으로써(히 9:24-26) 우리를 위한 영원한 구속을 이루셨다(히 9:11,12). 구약의 대제사장들이 짐승의 피를 가지고 일 년에 한 번씩 지성소에 들어갔던 것처럼, 예수님께서도 주님 자신의 피, 곧 하나님의 피(행 20:28)를 가지고 지성소인 셋째 하늘에 들어가셔야 했던 것이다.

숨어 있는 제자들에게 나타나신 주님(20:19-31)

『그리하여 그 주의 첫날, 그 날 저녁에 제자들이 모인 곳에는 유대인들을 두려워하여 문들이 잠겨 있었는데 예수께서 오셔서 그 가운데 서서 그들에게 말씀하시기를 "너희에게 평강이 있으라."고 하시더라』(20:19).

주님께서는 주님이 죽으신 후 박해를 두려워하여 문들을 잠그고 집 안에 숨어 있는 제자들에게 나타나셨다. 제자들이 벽을 통과하여 들어오신 주님을 만난 자리에는 도마가 없었다. 도마는 『**우리가 주를 보았다.**』(25절)라고 하는 동료 제자들에게 『**내가 주의 손에 있는 못자국을 보고, 또 내 손가락으로 그 못자국에 대어 보고, 나의 손으로 주의 옆구리에 넣어 보기 전에는 결코 믿지 않겠노라.**』(25절)라고 하며 강한 의심을 나타냈었다. 팔 일 후에 제자들이 다시 집 안에 있을 때 도마도 함께 있었는데, 주님께서는 또 다시 『**너희에게 평강이 있으라.**』(26절)라고 하시면서 도마에게 『**네 손가락을 이리 내밀어 나의 손을 보고 너의 손을 내밀어 내 옆구리에 넣어 보라. 그리하여 믿음 없는 자가 되지 말고 믿는 자가 되라.**』(27절)라고 하셨다. 주님께서는 그제야 『**나의 주, 나의 하나님**』(28절)이라고 하는 도마에게 "보지 않고 믿은 자들의 복"에 관해 말씀하셨다(29절).

팔 일 전에 벽을 통과했던 주님의 부활의 몸은 또한 사람의 손으로 직접 만져 볼 수 있는 몸으로 제시되었다. 이와 같은 부활의 몸에는 몇 가지 초자연적인 특성이 있었다.

첫째, 주님의 부활하신 몸은 피가 없이 살과 뼈로만 구성되어 있었다. 『**나의 손과 나의 발을 보라, 바로 나니라. 나를 만져 보라. 영은 살과 뼈가 없지만 너**

희가 보는 바와 같이 나는 있느니라』(눅 24:39). 주님의 몸은 구운 생선을 먹을 수 있을 만큼(눅 24:42) 실제적이면서도, 벽을 통과할 수 있을 만큼 신비한 몸이었다(요 20:19).

둘째, 주님의 부활하신 몸은 우주 저 너머에 있는 셋째 하늘에 단시간에 다녀올 수 있는 몸이었다. (「부활하신 주님을 혼자 대면한 막달라 마리아」 참고)

셋째, 주님의 부활하신 몸은 엠마오로 가는 제자들의 눈이 열리자 그 즉시 사라질 수 있는 몸이었다(눅 24:31).

넷째, 주님의 부활하신 몸은 그리스도인들의 부활과 휴거 때 변화될 몸과 동일한 몸이었다. 모든 그리스도인들은 부활과 휴거 때 예수 그리스도의 초자연적인 완전한 몸과 똑같은 서른세 살 반의 남자의 모습으로 변하게 될 것이다(빌 3:20,21, 요일 3:1-3, 롬 6:5; 8:11).

『실로 예수께서는 그의 제자들의 면전에서 이 책에 기록되지 아니한 다른 많은 표적들을 행하셨으나, 다만 이것들을 기록한 것은 너희로 예수가 그리스도, 곧 하나님의 아들이심을 믿게 하려는 것이요, 또 믿음으로써 그의 이름을 통해 생명을 얻게 하려 함이라』(20:30,31).

■ 새롭게 깨달았거나 적용할 내용이 있다면 적어 보세요. ■

제자의 자격을 회복한 베드로(21:1-17)

『그리하여 그들이 식사를 끝마쳤을 때 예수께서 시몬 베드로에게 말씀하시기를 "요나의 아들 시몬아, 네가 이 사람들보다 나를 더 사랑하느냐?"고 하시니, 그가 주께 말씀드리기를 "주여, 그러하옵니다. 주께서는 내가 주를 사랑하는 줄 아시나이다."라고 하니, 주께서 말씀하시기를 "내 어린양들을 먹이라."고 하시니라』(21:15).

제자들은 주님께서 부활하셨음에도 생업으로 돌아갔다. 주님께서 그러한 제자들에게 티베랴 바닷가에서 모습을 나타내셨는데, 주님께서는 요한복음 21장에서 또 한 번의 기적을 행하셨다. 즉 고기잡이를 전문으로 하는 직업 어부들이 밤새도록 그물질을 했는데도 못 잡고 있을 때 고기 잡는 법을 가르쳐 주셨다. 그 결과 그물을 끌어올릴 수 없을 정도로 많은 고기를 잡을 수 있었다. 주**님께서 그 일을 행하신 이유는 공생애 초기에 그들을 처음 부르셨을 때의 부르심이 여전히 유효하다는 것을 보여 주시기 위함이다**. **『그때 주께서는 말씀을 마치시고 시몬에게 말씀하시기를 "깊은 데로 나가서 고기를 잡도록 그물을 내리라."고 하시니 시몬이 대답하여 주께 말씀드리기를 "선생님, 우리가 밤새도록 애써 일하였으나 아무것도 잡지 못하였나이다. 그러나 선생님의 말씀에 따라 내가 그물을 내리겠나이다."라고 한 후 그렇게 하였더니 굉장히 많은 고기가 잡힌지라, 그들의 그물이 찢어지더라』**(눅 5:4-6). 주님께서는 자신들의 생업을 버리고 주님을 따랐던 제자들이 주님의 십자가 처형 뒤로 생업으로 돌아가 버린 사실을(요 21:2,3) 아시고, 처음 부르심과 똑같은 기적을 베푸심으로써 제자들의 소명을 환기시켜 주신 것이다. **주님께서는 여전히 그들을 "사람들을 낚는 어부"로(눅 5:10) 쓰시려고 하신다는 점을 보여 주셨다**.

티베랴 바닷가에 모습을 나타내신 주님께서는 주님을 세 번 부인한 베드로에게서 주님을 향한 사랑을 세 번 확인하는 절차를 진행하셨다(21:15,16,17). **베드로는 주님을 부인했을 때 구원을 상실한 것이 아니라 제자로서의 지위를 상실한 것이었다**. 무덤가의 흰 옷을 입은 천사가 했던 말이 그 점을 보여 준다. 『**그리고 너희는 가서 주의 제자들과 베드로에게 '주께서 너희보다 먼저 갈릴리로 가시리니 주께서 너희에게 말씀하신 대로 그곳에서 너희가 주를 보리라.'고 말하라**』(막 16:7). **천사는 『주의 제자들과 베드로』라고 언급함으로써, 베드로를 "주의 제자들"과 별도로 떼어서 지칭했다**. 베드로는 "주의 제자들"에서 제외되었던 것인데, 주님께서는 주님을 세 번 부인한 베드로에게서 세 번 사랑한다는 고백을 받아냄으로써 그의 제자직을 회복시켜 주셨다.

『요나의 아들 시몬아, 네가 이 사람들보다 나를 더 사랑하느냐?』(21:15)

주님께서 베드로에게 하셨던 위의 첫 번째 질문에서 "**이 사람들보다**"라는 말씀은 베드로의 자만을 일깨워서 질책하는 말씀이다. 왜냐하면 그가 다른 제자들보다 주님을 더 사랑한다고 말했었기 때문이다. 『**설령 모든 사람이 주로 인하여 실족할지라도 나는 결코 실족하지 아니하겠나이다... 설령 내가 주와 함께 죽을지언정 주를 부인하지 아니하겠나이다**』(마 26:33,35). 베드로는 "네, 주님. 제가 이 사람들보다 주님을 더 사랑합니다."라고 직접적으로 대답하지 않았다. 다만 『**주여, 그러하옵니다. 주께서는 내가 주를 사랑하는 줄 아시나이다.**』라고 간접적으로 대답했다. 더 이상 남과 자신을 비교하지 않게 되었던 것이다. **사랑이야 남보다 더 할 수 있겠지만 자기 입으로 스스로를 추켜세우는 오만이 사라졌다**.

주님께서는 각각의 유사한 질문 다음에 약간의 차이가 나는 동일한 명령을 베드로에게 내리셨다. 『**내 어린양들을 먹이라**』(15절). 『**내 양들을 먹이라**』(16

절). **『내 양들을 먹이라』**(17절). **『내 어린양들』, 즉 주일학교 초등부에서 『내 양들』, 곧 주일학교 중고등부로 섬김이 이어진 것이다. 주님을 사랑하는 사람은 그의 사명이 작은 것에서 점점 더 큰 것으로 확장되어 갈 수 있다**. 훗날 베드로는 주님께서 맡기신 주님의 어린양들과 양들을 어떻게 먹여야 하는가를 다음과 같이 기록해 놓았다. **『너희 가운데 있는 하나님의 양무리를 치고 돌보되 마지못하여 하지 말고 자원함으로 하며 더러운 이익을 위하여 하지 말고 준비된 마음으로 하며 하나님께서 맡겨 주신 자들을 지배하려 하지 말고 오직 양무리의 본이 되라. 그리하면 목자장이 나타나실 때 너희가 시들지 않는 영광의 면류관을 받으리라』**(벧전 5:2-4).

베드로의 운명 vs. 요한의 운명(21:18-25)

『진실로 진실로 내가 네게 말하노니 네[베드로]가 젊어서는 너의 허리띠를 스스로 두르고 원하는 곳으로 다녔어도 늙으면 네 팔을 벌리고 다른 사람들이 띠를 둘러 주며 또 원치 않는 곳으로 너를 데려가리라... 내가 올 때까지 그[요한]를 머물게 하고자 한들 그것이 너와 무슨 상관이냐? 너는 나를 따라오라』(21:18,22).

주님께서 베드로의 순교 방법에 대해 말씀하심은 **『베드로가 어떠한 죽음으로 하나님께 영광 돌릴 것인지를 예시』**하신 것이었다(요 21:19). 베드로의 순교에 대해 말씀하신 후에는 그에게 "나를 따라오라."(19절)라고 하셨다. 주님께서는 베드로가 늙으면 그의 의지에 반하여 어떤 자들이 그를 잡아다가 결박하고 죽이게 될 것을 묘사하셨고, 베드로는 훗날 그의 그러한 죽음이 임박했음을 감지했다(벧후 1:13-15).

주님께서는 요한의 운명도 예언해 주셨다. 『**그때 베드로가 돌아보니 예수께서 사랑하시던 제자가 따라오는 것을 보았는데, 그는 또한 저녁 먹는 자리에서 주의 가슴에 기대어 '주여, 주를 배반할 자가 누구니이까?' 하고 묻던 자더라. 베드로가 그를 보고 예수께 말씀드리기를 "주여, 이 사람은 어떻게 되겠나이까?"라고 하니 예수께서 그에게 말씀하시기를 "내가 올 때까지 그를 머물게 하고자 한들 그것이 너와 무슨 상관이냐? 너는 나를 따라오라."고 하시니라**』(21:20-22). 이 말씀에서 예수님께서는 실로 엄청난 사실을 예고하신다. **즉 『내가 올 때까지』라고 말씀하시는데, 이것은 명백히 주님의 "재림"에 대한 예고이기 때문이다**. 요한은 과연 "주님께서 다시 오실 때까지" 죽지 않고 머물러 있었을까? 분명 그는 주님께서 오실 때까지 죽지 않고 머물러 있었다! **즉 사도 요한은 요한계시록을 기록할 때 미래로 이동하여 주님의 재림을 보았던 것이다**. 요한계시록 1장에서 요한은 "팟모라고 하는 섬"에 있었는데(계 1:9), 그때 그는 성령에 의해 미래의 재림 시점까지 옮겨졌다. 『**내가 주의 날에 성령 안에 있었으며**』(계 1:10). 『**내가 즉시 영 안에 있게 되었는데**』(계 4:2). "주의 날에 성령 안에 있었다," 또는 "영 안에 있게 되었다"는 말은 미래의 주의 날로 어떤 특수한 변형이 이루어진 상태에서 초자연적으로 이동한 것을 말씀하고 있다.

A.D. 90년경 팟모 섬에 있던 요한은 기적적인 방법으로 예수 그리스도의 재림 때로 이동한 것이고, 그래서 그는 주 예수 그리스도의 재림을 직접 목격하게 되었던 것이다. 요한은 주님의 말씀대로 "주님께서 오실 때까지 머물러" 있었다! 『**또 내가 하늘이 열린 것을 보니 흰 말이 보이더라. 그 위에 앉으신 분은 신실과 진실이라 불리며 의로 심판하고 싸우시더라**』(계 19:11). 요한은 하늘이 열리고 주님께서 재림하시는 모습을 살아서 목도했다.

예수 그리스도의 부활은 그분의 다시 오심을 확증한다. 부활하지 않으셨다면 다시 오실 수 없기 때문이다. 그리스도인은 부활하신 주님께서 셋째 하늘에 살아 계시며 그분께서 다시 오신다는 살아 있는 소망, 곧 "**산 소망**"(**lively**

hope) 가운데 살아야 한다. 『**하나님, 곧 우리 주 예수 그리스도의 아버지를 송축하리로다. 그분은 그의 풍성하신 자비하심을 따라 죽은 자들로부터의 예수 그리스도의 부활로 인하여, 우리를 거듭나게 하사 산 소망을 갖게 하셨으며**』(벧전 1:3). 『**아멘. 그러하옵니다. 주 예수여, 오시옵소서**』(계 22:20).

『이런 일들을 증거하고 또 이런 일들을 기록한 제자가 이 사람이라. 우리는 그의 증거가 참된 줄을 아노라. 예수께서 행하신 다른 많은 일도 있으니, 만일 일일이 기록된다면 세상 그 자체에라도 기록된 책들을 둘 수 없으리라고 나는 생각하노라. 아멘』(21:24,25).

■ 새롭게 깨달았거나 적용할 내용이 있다면 적어 보세요. ■

NOTES

■ 유월절 어린양의 마지막 한 주간 ■

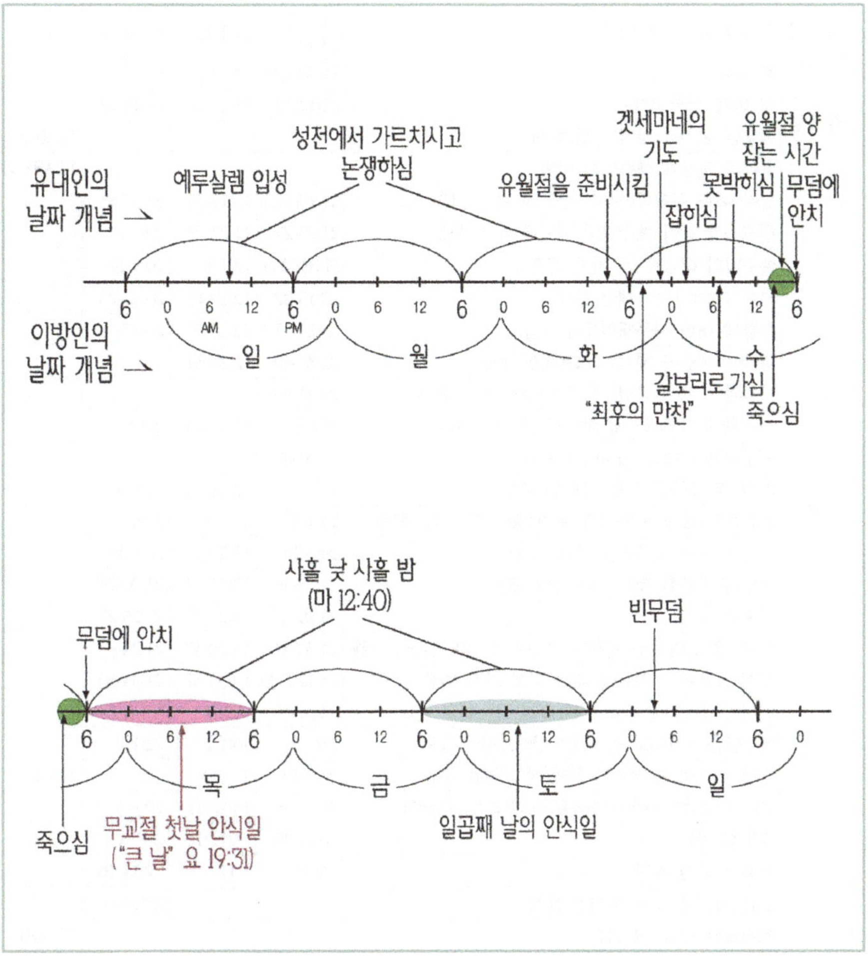

* 유대인의 날짜 개념은 저녁 6시에서 다음날 저녁 6시까지가 하루이다.

* 예수 그리스도께서 안식일 전날에 죽으셨다는 것은 일반적인 안식일(토요일) 전날인 금요일이 아니라, 무교절의 첫날 안식일("큰 날")의 전날이었다. 그 해의 이 안식일은 목요일이었다.

■ 마지막 한 주간과 부활 이후의 사건들 I ■

요일	사건	마태복음	마가복음	누가복음	요한복음
일요일	승리의 예루살렘 입성	21:1-11, 14-17	11:1-11	19:29-44	12:12-19
월요일	무화과나무 저주	21:18-19a	11:12-14		
	두 번째 성전 정화	21:12,13	11:15-18	19:45-48	
	예수님 뵙기를 청하는 헬라인들				12:20-36a
	무리의 질문과 예수님의 답변				12:36b-50
화	말라 버린 무화과나무와 믿음에 관한 교훈	21:19b-22	11:19-25	21:37,38	
	대제사장 등이 예수님의 권위에 대해 물음	21:23-27	11:27-33	20:1-8	
	예수님의 대답과 세 가지 비유	21:28-22:14	12:1-12	20:9-19	
	카이사에게 내는 세금 문제	22:15-22	12:13-17	20:20-26	
	부활에 대한 사두개인들의 물음	22:23-33	12:18-27	20:27-40	
	한 바리새인이 제기한 법률적인 물음	22:34-40	12:28-34		
	아들과 주로서 그리스도가 다윗과 가진 관계	22:41-46			
	서기관과 바리새인에 대한 일곱 가지 저주	23:1-36	12:38-40	20:45-47	
	예루살렘에 대한 예수님의 슬픔	23:37-39			
	가진 것 모두를 드린 가난한 과부		12:41-44	21:1-4	
	올리브산 설교를 하시게 된 배경(성전 붕괴 예언)	24:1-3	13:1-4	21:5-7	
	고통의 시작(올리브산 설교 시작)	24:4-14	13:5-13	21:8-19	
	멸망의 가증한 것과 그에 따른 고난	24:15-28	13:14-23	21:20-24	
	인자의 오심	24:29-31	13:24-27	21:25-27	
	가까움을 알려 주는 징후는 있으나 그 날과 시간은 모름	24:32-41	13:28-32	21:28-33	
	깨어 있음과 신실함에 대한 다섯 가지 비유	24:42-25:30	13:33-37	21:34-36	
	인자가 오실 때 임할 심판(올리브산 설교 끝)	25:31-46			
	예수님을 체포하고 죽이려는 산헤드린의 음모	26:1-5	14:1,2	22:1,2	
	장례 준비로 마리아가 예수님께 기름을 부음	26:6-13	14:3-9		12:2-8
	유다 이스카리옷이 예수님을 배신하기로 동의함	26:14-16	14:10,11	22:3-6	
화요일 밤 (유대인 개념은 수요일)	유월절 만찬 준비	26:17-19	14:12-16	22:7-13	
	유월절 만찬 시작	26:20	1:17	22:14-16	
	높은 자리를 두고 벌어진 불화			24:24-30	
	제자들의 발을 씻으심				13:1-20
	배신자의 정체가 드러남	26:21-25	14:18-21	22:21-23	13:21-30
	베드로의 부인을 예언하심	26:31-35	14:27-31	22:31-38	13:31-38
	주의 만찬의 제정(고전 11:23-26)	26:26-29	14:22-25	22;17-20	
	아버지께로 가시고 성령을 보내심을 설명하심				14:1-31
	포도나무와 가지				15:1-17
	세상의 반대				15:18-16:4
	성령의 오심과 사역				16:5-15
	예수님의 부활로 인한 기쁨에 대한 예고				16:16-22

■ 마지막 한 주간과 부활 이후의 사건들 II ■

요일	사건	마태복음	마가복음	누가복음	요한복음
화요일 밤 (유대인 개념은 수요일)	응답받는 기도에 대한 약속과 화평				16:23-33
	제자와 모든 성도를 위한 예수님의 기도				17:1-26
	고뇌에 찬 예수님의 겟세마네 기도	26:30,36-46	14:26,32-42	22:39-46	18:1
	배신당하고 체포되신 예수님	26:47-56	14:43-52	22:47-53	18:2-12
수요일	유대인의 첫 번째 재판 - 안나스 앞에서				18:13,14, 19-23
	유대인의 두 번째 재판 - 카야파와 산헤드린 앞에서	26:57, 59-68	14:53, 55-65	22:54a, 63-65	18:24
	베드로의 부인	26:58, 69-75	14:54, 66-72	22:54b-62	18:15-18, 25-27
	유대인의 세 번째 재판 - 산헤드린 앞에서	27:1	15:1a	22:66-71	
	유다 이스카리옷의 후회와 자살(행 1:18,19)	27:3-10			
	로마인의 첫 번째 재판 - 빌라도 앞에서	27:2,11-14	15:1b-5	23:1-5	18:28-38
	로마인의 두 번째 재판 - 헤롯 앞에서			23:6-12	
	로마인의 세 번째 재판 - 빌라도 앞에서	27:15-26	15:6-15	23:13-25	18:39 -19:16a
	로마 군병들에 의한 조롱	27:27-30	15:16-19		
	골고다의 길을 감	27:31-34	15:20-23	23:26-33a	19:16b-17
	십자가에 못 박히신 상태에서의 첫 세 시간	27:25-44	15:24-32	23:33b-43	19:18-27
	십자가에 못 박히신 상태에서의 마지막 세 시간	27:45-50	15:33-37	23:44,45a, 46	19:28-30
	예수님의 죽음에 대한 증언	27:51-56	15:38-41	23:45b, 47-49	
	예수님의 죽음의 확인과 그 시신 인수	27:57,58	15:42-45	23:50-52	19:31-38
	예수님의 시신을 무덤 안에 둠	27:59-60	15:46	23:53,54	19:39-42
	여인들이 무덤을 지켜보며, 경비병들이 무덤을 지킴	27:61-66	15:47	23:55,56	
일요일	여인들이 무덤을 방문함	28:1	16:1		
	돌이 굴려져 있음	28:2-4			
	무덤이 비어 있는 것을 여인들이 발견함	28:5-8	16:2-8	24:1-8	20:1
	무덤이 비어 있는 것을 베드로와 요한이 발견함			24:9-12	20:2-10
	막달라 마리아에게 나타나심		16:9-11		20:11-18
	다른 여인들에게 나타나심	28:9,10			
	경비병들이 유대 지도자들에게 보고함	28:11-15			
	엠마오로 가는 두 제자에게 나타나심		16:12,13	24:13-32	
	두 제자가 나머지 사람들에게 알림(고전 15:5a)			24:33-35	
	모여 있는 열 제자에게 나타나심		16:14	24:36-43	20:19-25
부활 이후 40일간	모여 있는 열한 제자에게 나타나심(고전 15:5b)				20:26-31
	고기를 낚고 있는 일곱 제자에게 나타나심				21:1-25
	갈릴리에서 열한 사람에게 나타나심(고전 15:6)	28:16-20	16:15-18		
	예수님의 형제 야고보에게 나타나심(고전 15:7)				
	예루살렘에 있는 제자들에게 나타나심(행 1:3-8)			24:44-49	
	축복하시고 승천하심(행 1:9-12)		16:19,20	24:50-53	

<Halley's Bible Handbook> 참조

< 추 천 도 서 >

요한복음

피터 S. 럭크만 지음 / 712쪽

30,000원(e-Book 14,900원)

본서는 말 그대로 예수 그리스도의 복음을 담고 있는 책으로 교회 시대의 성도들에게 영적 진리를 풍성하게 제공해 주고 있다.

하나님의 나라와 천국

피터 S. 럭크만 지음 / 280쪽

12,000원(eBook 4,900원))

본서는 천국(Kingdom of Heaven)과 하나님의 나라(Kingdom of God)를 구분하여 정확하게 알려준다.

조직신학

피터 S. 럭크만 지음 / 1,040쪽

50,000원

본서는 철저하게 〈킹제임스성경〉에 기반을 두고 하나님께서 정하신 성경적인 해석 방법에 따라 바른 신학을 집대성한 책으로 모든 성경 연구의 기준이 되는 교리서다.

영적 삶의 새로운 시작

이송오 목사 지음 / 104쪽

4,000원(eBook 2,800원)

이 책은 갓 거듭난 그리스도인들이 하나님의 말씀을 통해 건전한 교리로 양육받을 수 있게 도와주는 지침서이다.

솔로몬 성경공부 시리즈

요한복음

제4권 유월절 어린양의 마지막 한 주간(18-21장)

초판1쇄 2023년 8월 11일
초판2쇄 2023년 9월 1일
지 은 이 / 편 집 부
발 행 인 / 박 승 용
발 행 처 / 말씀보존학회
출판등록 / 1988. 12. 12. 제16-223호
주 소 / 서울 강서우체국 사서함 제90호
전 화 / (02) 2665 - 3743
팩 스 / (02) 2665 - 3302
인 터 넷 / www.biblemaster.co.kr

잘못된 책은 바꿔 드립니다.

값 10,000 원